Anna Maria Mascheroni

Aus italienischen Küchen

BLV Essen & Genießen

Italienische Provinzen

Anna Maria Mascheroni

Aus italienischen Küchen

BLV

CIP-Titelaufnahme der Deutschen Bibliothek

Mascheroni, Anna Maria:
Aus italienischen Küchen /
Anna Maria Mascheroni. –
München; Wien; Zürich:
BLV Verlagsgesellschaft, 1989
(BLV Essen und Geniessen; 562)
ISBN 3-405-13626-1
NE: GT

BLV Verlagsgesellschaft mbH
München Wien Zürich
8000 München 40

BLV Essen und Genießen 562

Umschlagfoto vorn: Pete A. Eising

Satz und Druck: Appl, Wemding
Bindung: R. Oldenbourg, München

Printed in Germany · ISBN 3-405-13626-1

ZU DEN REZEPTEN

Alle Rezepte sind, wenn nicht anders angegeben, für 4 Personen berechnet.

Verwendete Abkürzungen

TL	Teelöffel
EL	Eßlöffel
g	Gramm
kg	Kilogramm
ml	Milliliter
l	Liter (1 l = 1000 ml)
1 Tasse	125 ml (Inhalt einer handelsüblichen Kaffeetasse)

ZU DIESEM BUCH

Die italienische Küche setzt sich aus der stattlichen Anzahl von 19 Regionalküchen zusammen, die ihrerseits wieder aus unzähligen verschiedenen Küchen auf Provinzebene bestehen. Jede dieser Küchen basiert auf besonderen Rezepten, die sich die Familien von Generation zu Generation überliefern. Wie speist nun die italienische Familie zu Hause?

Das *Frühstück* ist eine schnelle und leichte Sache, meistens ein *Espresso,* Tee oder *Cappuccino,* dazu ein paar Kekse, eine Scheibe Toast mit Butter und Marmelade, Joghurt oder Obst. Doch wer berufstätig ist und es morgens eilig hat, macht kurz in der Bar an der Ecke halt und nimmt stehend am Tresen einen Cappuccino und eine *Brioche* (ein Hörnchen) zu sich.

Die *Hauptmahlzeit* ist eigentlich das Mittagessen. Doch wer fern von zu Hause arbeitet und lieber einen kurzen Snack bevorzugt, begnügt sich heutzutage wie überall mit einem üppigen Brötchen mit Schinken, Käse und Mayonnaise.

Jede Mahlzeit im Familienkreis (ob mittags oder abends) beginnt mit dem sogenannten *Primo,* dem ersten Gang, im allgemeinen ein Nudel- oder Reisgericht (als Suppe, *in brodo,* oder mit wenig Soße, *asciutta*). Dann folgt der zweite Gang aus Fleisch oder Fisch mit einer Beilage aus rohem Salat oder gekochtem Gemüse. Den Abschluß bilden ein Stück Käse oder etwas Obst. Im Sommer, oder wenn Gäste eingeladen sind, gehören noch die Vor- und Nachspeise dazu. Die traditionelle italienische Vorspeise ist eine Aufschnittplatte mit Parma-Schinken, Salami, Bresaola, Coppa, Mortadella usw., wobei jede Region ihre eigenen Spezialitäten hat, die auch in den kleinsten Dörfern reichlich in allen Geschäften zu haben sind. Im Sommer werden dazu Melone oder Feigen und in den übrigen Jahreszeiten eine große Vielfalt an Mixed Pickles in Öl oder Essig (Oliven, Artischocken, Pilze, Kapern, Gurken, Zwiebelchen usw.) gereicht.

Die *Desserts* werden zu Hause zubereitet (Mürbteigtorten, *Tiramiy su,* Eis und sonstige Löffelspeisen) oder in der Konditorei, der *Pasticceria,* gekauft, wenn es aufwandreiche Spezialitäten sind (wie der *Panettone* zu Weihnachten, die *Colomba* zu Ostern, die neapolitanische Reistorte, die sizilianische *Cassata,* sonstige Cremetorten oder das kleine Feingebäck, die *Pasticini*). Das italienische Nationalgetränk, der Espresso, wird am Ende der Mahlzeit serviert, am liebsten mit einem Gläschen Grappa oder einem Magenbitter.

Ein beliebtes Gesprächsthema bei Tisch ist immer die Weinsorte, die serviert wird. Die italienischen Männer kochen bekanntlich selten, kennen sich jedoch dafür bestens mit den Weinen aus. Wer es sich erlauben kann, vor allem auf dem Lande, widmet sich der Kelterei des eigenen Landweines und der liebevollen Pflege seines Weinkellers. Die Wahl des richtigen Weines zum jeweiligen Menü ist für den Gastgeber ein wichtiger Punkt.

Doch nicht jeden Tag sind Gäste eingeladen. In vielen Familien kehrt man zur guten Gewohnheit der einfachen Kost auf der Grundlage von Nudeln, Reis, Pasteten, Gemüse und Obst zurück, die den Reichtum der italienischen Küche ausmachen. Fleisch wird nur ein- bis zweimal pro Woche gegessen.

Das alles habe ich bei der Auswahl der Rezepte für dieses Buch berücksichtigt. Einige besonders raffinierte traditionelle, schwierig zuzubereitende Gerichte, auf die Sie auf unserem Trip durch die regionalen Küchen Italiens (Seite 8) stoßen werden, habe ich ausgelassen. Sie sind oft nur in einigen geografisch eng begrenzten Gebieten bekannt oder auf den Speisekarten ausgewählter Restaurants zu finden. Ich habe mich dafür lieber auf meine Erfahrungen als Gast bei Freunden gestützt.

Ganz besondere Aufmerksamkeit habe ich den Ratschlägen von Müttern, Tanten und Großmüttern geschenkt, die mir oft die schmackhaften Speisen ihrer Regionen zubereitet haben. Ich hoffe, daß Sie mit den Gerichten, die ich Ihnen hier vorschlage, eine reizvolle gastronomische Reise nach Italien unternehmen, und daß Sie sie genießen wie all die übrigen Attraktionen, die das Land bietet.

Anna Maria Mascheroni

INHALT

Die italienische Küche blickt auf eine lange Geschichte zurück. Sie ist eine köstliche, unverfälschte Mischung vieler Stile, die eng an das Klima, die geografischen Gegebenheiten und die geschichtlichen Einflüsse der einzelnen Regionen gebunden sind. Eine Küche, die einfache Gerichte auf den Tisch bringt, bei deren Zubereitung Überliefertes und Geschmacksregeln respektiert werden: rustikale Speisen aus ländlichen Gegenden, doch auch raffiniertere Versionen, die im Laufe der Zeit in fantasievollen Abwandlungen entstanden sind – das Resultat einer ausgewogenen Kombination von Eigengeschmack und Würze unter Einhaltung der regionalen Küchengewohnheiten.
Wer die regionalen Küchen Italiens besser kennenlernen will, dem hilft nur eine, wenn auch flüchtige, gastronomische Rundreise.

Piemont

Zunächst kommen wir dabei nach Piemont, eine Region, die in Sachen kulinarische Tradition einen der ersten Plätze innehat. Das Piemont besitzt eine herzhafte, abwechslungsreiche und arbeitsintensive Küche mit unverwechselbarem Geschmack. Hier finden wir leckere Schmorbraten, darunter den vielgerühmten *Brasato al Barolo* aus bestem Ochsenfleisch, das gemischte Suppenfleisch, das mit einer Sauce aus Tomaten, Zwiebeln, Karotten, Knoblauch, Essig, Öl und scharfem roten Paprika, *Bagnet ross* genannt, serviert wird, oder den stark aromatischen weißen Trüffel aus Alba. Trüffel wird immer verwendet: für Reisgerichte, Salate, Fondues und gefüllte Nudeln.
Die zahlreichen Gemüsesorten des Piemont, die oft roh als Salat zubereitet werden, finden ihren höchsten Ausdruck in der *Bagna cauda,* einem fondueartigen Mahl. Dabei ist die ganze Gesellschaft am Tisch um einen Tontopf versammelt, in dem eine Sauce aus Butter, Knoblauch und Sardellenfilets schmurgelt, in die rohe Artischocken-, Paprika-, Stangensellerie- und Fenchelstückchen getaucht werden.

Aostatal

An der Dora entlang erstreckt sich das Aostatal mit seiner einfachen und natürlichen Küche. Hier triumphieren frische Hochgebirgsbutter und Milch, *Fontina* und zahlreiche andere weiche und fette Käsesorten der saftigen Wiesen, Eier, ein besonderes Maismehl, das aus Mais gewonnen wird, der auch in Höhenlagen wächst, und die typischen Gemüsesorten der Gebirgsgegenden wie Karden und *Pariette,* eine zarte Gebirgspflanze. Ein typisches Gericht dieser Gegend ist die *Fonduta,* ein Fondue, für das der Fontina-Käse in Milch aufgelöst, mit Eigelb angereichert und zum Schluß mit Alba-Trüffel bestreut wird.

Ligurien

Von hier geht es weiter nach Ligurien mit seiner einfachen, unverfälschten Küche, die schlichtweg alles verarbeitet, was Land und Meer bieten. Es triumphieren die frischen Gewürzkräuter in gefüllten Nudeln und rustikalen Aufläufen. Oder die *Torta pasqualina,* ein Ostergericht, das traditionsgemäß aus 33 dünnen Blätterteigschichten bestehen soll, zwischen die abwechselnd Quark, Gemüse und Eier geschichtet werden. Ebenso in die *Paniscia,* ein Hefegebäck aus mit Öl und Zitrone gewürztem Kichererbsenmehl, das in Öl gebacken wird, und in den *Cappun magru,* einen reichhaltigen Salat, in den neben vielen gekochten Gemüsesorten auch Oliven, Fisch, Krustentiere, Pinienkerne und Kapern gehören. Doch wenn wir von Kräutern sprechen, dürfen wir nicht die weltbekannte, duftende, aromatische und einmalige Sauce vergessen, die hier zu Hause ist: den *Pesto,* eine lockere Creme aus Öl, Basilikum, Knoblauch, Käse und gelegentlich Pinienkernen und Walnüssen.
Hier sind außerdem hocharomatische Fischgerichte wie die Fischsuppe *Ciuppin* und Fleischgerichte wie die berühmte *Cima alla genovese* beheimatet, eine geschmacklich und farblich gut abgestimmte Mischung aus Fleisch und Gemüse, die als Füllung in eine Fleischtasche kommt.
Unter den süßen Spezialitäten ist neben den *Canestrelli* und den *Marzapani* mit viel Nüssen das *Pandolce* zu nennen, eine flache und harte Panettone-Art, der Stolz der Ligurer.

Lombardei

Wenn wir dann mit unserer Tour durch die Gastronomie der italienischen Regionen fortfahren, kommen wir in die Lombardei, von der behauptet wird, sie sei die Küche der Eiligen, die bei Tisch keine Zeit verlieren wollen. Es stimmt zwar, daß es die Lombarden immer eilig haben, doch nur mit der Arbeit. Bei Tisch dagegen entspannen sie sich gern und geben sich dem Genuß schmackhafter Gerichte hin. Der bäuerlichen Armut bestimmter lombardischer Speisen wie der *Busecca* (Kutteln), der *Cazzoeula* (Wirsing mit Schweinerippchen und Kochmettwurst), der *Polenta,* einem Maismehlbrei, der in Bergamo zu kleinen Vögeln gereicht wird *Uccelletti con polenta* und im Veltlin als *Polenta taragna* mit Käse verschmolzen wird, stehen üppige Spezialitäten wie Truthahn mit Kastanienfüllung und *Ossibuchi col risotto giallo* (Kalbshaxenscheiben mit Risotto), *Tortelli di zucca* (Kürbisravioli) aus Mantova, *Casonsèi,* ebenfalls Ravioli aus Brescia, und die *Marubini* aus Cremona gegenüber.
Zu Weihnachten fehlt auf keinem Tisch der Mailänder *Panettone,* zum Karneval kommen die in Fett ausgebackenen und mit Zucker bestreuten süßen *Chiacchiere* oder die krapfenartigen *Tortelli* und der *Torrone* aus Cremona auf den Tisch.

Trentino

Schritt für Schritt sind wir so dem Tentino-Südtirol immer näher gekommen, einer Region, in der *geräucherte Fleischwaren* und Sauerkraut dominieren. Dort finden wir leckeres Wild auf der Speisetafel, oft mit Preiselbeeren und Pflaumen serviert, und die Fleischstrudel, die äußerlich dem Apfelstrudel recht ähnlich sehen.

Friaul

In der nächsten Nachbarschaft haben wir das Gebiet Friaul mit seinem nördlichen Landesteil Carnia, der für seine *Cialzòn* bekannt ist. Das sind eine Art süß-saure Ravioli mit einer Füllung aus Spinat, Rosinen, kandierten Zedernfrüchten und Schokolade, zu denen Butter, Zucker und geriebener Käse gereicht werden. Hier finden wir die *Jota,* eine Suppe aus Schweinefleisch, Bohnen und Wirsing, die *Paparot,* eine Suppe aus weißem und gelbem Mehl, Spinat und Speck, die *Fasoi col muset,* ein Gericht aus getrockneten Bohnen und einer fetten Kochwurst, und schließlich die *Brovade,* gesäuerte, in Öl und Knoblauch angebratene Rote Bete. In Friaul gibt es ausgezeichnete Fischgerichte, vor allem Forellen und Süßwasserkrebse. Auch die Backwaren sind das Probieren wert: z.B. hausgemachte kleine Formen mit Rosinen und Pinienkernen und der Eierpudding aus der guten Milch der Bergkühe und frischen Eiern.

Venetien

Und dann kommen wir nach Venetien, wo wir eine reichhaltige Küche »aus Land und Meer« finden: die unzähligen Suppen aus Reis und Erbsen, Reis und Wirsing, Zucchini, Bohnen, Spargel, daneben Speisen mit Meerestieren, z.B. den in Milch eingelegten Stockfisch *Baccalà alla vicentina,* die Sardellen *Sardele in saór,* Meerspinnen, Aal, Tintenfische und viele Fischsuppen.
Stars unter den Backwaren sind die *Baicoli,* knusprige Kekse, die in den köstlichen Eierflip *Zabaione* getaucht werden, der lockere *Pandoro* aus Verona, die *Pinza* aus Padua, der Gugelhupf *Bussola* aus Vicenza und die *Fritole,* eine Art Krapfen.

Emilia-Romagna

Und dann die Region Emilia-Romagna! Die Heimat der hausgemachten Nudeln und Ravioli wie *Cappelletti, Garganelli, Tagliatelle* und der *Lasagne, die die geschickten Hausfrauen aus einem mit dem Nudelholz hauchdünn gezogenen Teig zaubern. Gleichzeitig finden wir dort die schmackhaftesten Wurstwaren ganz Italiens: den Zampone* aus Modena, die *Mortadella* aus Bologna, die *Coppa* (Preßkopf), die *Culatelli* (Schinkenart), die *Salami* aus Felino und die *Salama da sugo,* eine Wurstart, die im Dampf gegart und mit dem Löffel gegessen wird. Aus dieser Region stammt auch der bevorzugte *Grana,* nämlich aus Parma und Reggio, meist Parmesan genannt.

Badefreuden an der Adriaküste

Mailand, Idylle am Naviglio

Marktszene

Mailänder Dom

Marktszene

Murano, Glasmanufaktur

Hafenstimmung

Toskana

Eine einfache Küche finden wir in der Toskana, wo das Olivenöl endgültig an die Stelle der Butter tritt. Eine schlichte, aber qualitativ hervorragende Küche, vor allem was das Gemüse, besonders die kleinen weißen Bohnen, das Obst und das Fleisch betrifft. Hier haben wir wenige, dafür aber um so appetitlichere Vorspeisen, z.B. die *Crostoni di fegatelli* (Toastscheiben mit einer köstlichen, warmen Leberpastete), die *Bruschetta* (mit Knoblauch gewürzte und mit Olivenöl bespritzte geröstete Brotscheiben). Zu den typischen Suppen gehören die *Acquacotta* aus Grosseto, die *Ribollita fiorentina* (zweimal in Brühe gekochtes Brot) und die schwarze Kohlsuppe, die mit dem salzlosen Brot der Toskana bereitet wird. Zu den Spezialitäten gehören die weißen Bohnen, die unter den Namen *Fagioli all'uccelletto* und *Fagioli toscani all'olio* zu finden sind. Empfehlenswerte Fleischgerichte sind das gegrillte, würzige Hähnchen *Pollo alla diavola, Arista allo spiedo* (Schweinsrücken vom Spieß) oder *Arista alla gratella* (vom Grill). Auf dem Grill werden auch die Florentiner-Steaks *Bistecca alla fiorentina* und die Lammkoteletts *Costolette di agnello a scottadito* zubereitet.

Wer die Fischgerichte kennenlernen möchte, muß sich an die Küste begeben, wo wir *Cacciucchi* (Fischsuppen), Aal und schwarzes Tintenfischrisotto, *Risotto al nero di seppia,* kosten können.

Erwähnenswerte Backwaren sind die *Ricciarelli* aus Siena, ein Teig aus Mandelmehl und gezuckertem Eischnee, der zwischen zwei Oblaten gegeben wird, das *Panforte,* ebenfalls aus Siena, der *Bucellato* aus Lucca, die Mandelkekse *Cantuccini* aus Prato und die zahlreichen Kuchen aus Kastanienmehl, Pinienkernen und Rosinen.

Die Marken

Von der Toskana aus begeben wir uns in die Marken, wo wir eine ausgesprochen abwechslungsreiche Küche finden, denn das Gebiet liegt zum Teil am Meer, zum Teil ist es Hügellandschaft. Vom Meer kommen die *Brodetti* (Fischsuppen), unter denen die Variante aus Ancona mit ihren 16 verschiedenen Fischsorten die berühmteste ist, außerdem die Fischpasteten und die *Spiedini di gamberi.* Von den Hügeln dagegen kommen herzhafte Speisen wie *Porchetta* (Spanferkel), Wachtel- und Taubenspieße, Hähnchen oder der mit Fenchelkörnern, Rosmarin und Knoblauch gewürzte, auf offenem Feuer zubereitete Schweinebraten.

Umbrien

Einfach und kompromißlos ist die Küche in Umbrien, die ganz auf der exquisiten Qualität ihrer Zutaten beruht: exzellente Öle und Weine, das begehrte und wohlschmeckende Rindfleisch, das entweder am Spieß, auf dem Grill oder im Holzkohlenofen gegart und mit einfachen und herzhaften Soßen angerichtet wird,

Wildtauben und Wachteln, das geliebte Spanferkel mit Fenchelkörnern, fast schon umbrisches Nationalgericht, das ganz langsam am Spieß gebraten wird – alles einfache Zubereitungen, die das Temperament der Bevölkerung und ihrer Kultur verraten.
Das Schwein gibt Anlaß zu weiteren interessanten lokalen Gerichten, z.B. *Lonza arrosto* (Lendenbraten) und *Costarelle alla graticola* (Koteletts vom Rost). Die typische umbrische Sauce ist die *Ghiotta,* eine Mischung aus Öl, Essig, Salz, Pfeffer, Rot- und Weißwein und Zitronenschale, die am besten zur gebackenen Schweineschulter paßt. Doch es gibt noch eine weitere Sauce aus Schweinebakke, Sahne, Schafkäse und Majoran, mit der die *Spaghetti al rancetto* angerichtet werden.
Schafkäse und Schmalz werden auch für Backwaren wie das bekannte *Pan nociato* (Nußbrot) aus Todi verwendet. Weitere charakteristische Gebäckarten sind die *Pinoccate* (Romben aus Zucker und Pinienkernen, typisch für die Weihnachtszeit), der *Torcolo* (Weihnachtskuchen mit Pinienkernen, Rosinen und kandierten Früchten), die *Ciaramicola,* ein süßer, mit Alchermes und Anislikör aromatisierter Fladen. Viele Süßwaren und Gebäcke enthalten Feigen, die die Region in großer Fülle anzubieten hat. Wie man sieht eine Küche, in der der Rhythmus der modernen Zeit noch keine Zeichen hinterlassen hat, sondern in der eher noch die Spuren einer Vergangenheit deutlich sind, in der ein bäuerliches, elementares Wirtschaftssystem vorherrschte.

Latium

Die Küche in Latium ist etwas für den wahren Feinschmecker: herzhaft und schmackhaft, die ideale Küche für fröhliche, große Gesellschaften, für den kräftigen Appetit und für Landpartien.
Zu den schmackhaftesten Gerichten gehören die *Penne all'arrabbiata,* sogenannte »wütende« Nudeln, die sich ihren Namen wegen des scharfen Paprikas eingehandelt haben, die *Spaghetti alla carbonara,* Grundnahrung des Köhlers, der sich zum Holzkohlemachen in die Wälder des Appenin begab und dieses Gericht in wenigen Minuten mit frischen Eidottern und Käse zubereiten konnte. Das meistgegessene Fleisch kommt vom Lamm, hier *Abbacchio* genannt. Berühmt sind der *Abbacchio alla romana,* der mit Knoblauch, Rosmarin, Essig, Sardellen und Pfeffer in der Pfanne gegart wird, und die *Coda alla vaccinara* (Ochsenschwanz nach Schlachterart), die so heißt, weil sie im Stadtteil Regola entstanden ist, der ursprünglich das Schlachthofviertel Roms war.

Abruzzen-Molise

Die Region Abruzzen-Molise ist die Heimat der Hirten und Seeleute, ein an guten landwirtschaftlichen Produkten reiches Gebiet, das seit ewigen Zeiten bewirtschaftet wird.
Auch im abgelegensten Winkel der Abruzzen kommen die *Maccheroni alla chitarra* auf den Tisch, Eiernudeln, deren Güte auf der Qualität

des Hartweizens beruht, der golden auf den Feldern der Abruzzentäler leuchtet und sich gut mit den Eiern der frei umherlaufenden, korngemästeten Hühner verarbeiten läßt. Die dünn ausgezogene Nudelteigplatte wird mit einem gitarreähnlichen Instrument zu *Maccheroni* geschnitten. Dazu gehört entweder eine Sauce vom Lammschmorbraten, wobei der typische, scharfe rote Paprika (Peperoni) nicht fehlen darf, oder eine rote Sauce aus Tomaten, Schweinespeck, Basilikum, schwarzem Pfeffer und viel geriebenem Schafkäse. Letzterer ist ein typisches Produkt der Abruzzen-Berghöfe, ein unverwechselbarer Käse aus reiner Schafmilch. Ausgezeichnet sind auch die Zitrusfrüchte und die vielen Gemüsesorten, will man sie alle kennenlernen, braucht man nur die bekannte *Zuppa di virtú* zu kosten: ein umfangreiches Gericht, eine Summe heimlicher Tugenden, wie der Name sagt, aus Schweinefleisch und allen zur Verfügung stehenden Gemüse- und Hülsenfruchtsorten wie Bohnen, Kichererbsen, Linsen, Ackerbohnen, Erbsen, Endivien, rote Bete und Tomaten, mit Majoran, Minze, Käse und Nudeln.

Lamm ist die beliebteste Fleischsorte und wird entweder auf Holzglut gebraten oder mit Knoblauch und rotem Paprika geschmort, wodurch das zarte, weiche Fleisch eine kräftige und pikante Note bekommt, oder auch in Weißwein, Eigelb und Zitronensaft gegart. Große Weideflächen garantieren eine optimale Qualität an Rind- und Kalbfleisch, das gegrillt, gebraten, gebacken oder in raffinierte, gefüllte Rouladen verwendet wird. Die abruzzische Küche ist außerdem noch eine Küche der Seeleute. Vor allem in den Küstenbereichen beweist sich der Fischreichtum in leckeren Fischsuppen und märchenhaften gebackenen Fischplatten, die der Zusatz von *Diavolillo,* wie der scharfe und gleichzeitig aromatische Paprika (Peperoni) genannt wird, unnachahmlich macht.

Auch die Backwaren haben einen recht rustikalen Charakter. Typisch sind die *Malterra* aus gerösteten Mandeln, Zucker und Schokolade. Am bekanntesten sind wahrscheinlich das *Pan rosso d'Abruzzo* (rotes Abruzzenbrot), locker, süß und mit Schokolade überzogen, und die *Scarponi,* ein exquisiter Teig aus gekochtem Most, Walnüssen, Honig und Schokolade.

Kampanien

Die Nachbarregion der Abruzzen ist Kampanien, das Land, in dem die längliche Tomate von San Marzano triumphiert und mit ihrer leuchtendroten Sauce den vielfältigen Nudelarten Farbe verleiht. Eine ideale Sauce für die Nudelart *Fusilli* sind mit Zwiebeln geschmorte Tomaten, denen oft Mozzarella, Kapern, Origano und Knoblauch hinzugefügt werden.

In diesem auf das Meer schauende Land darf der frische Fisch nicht fehlen. Bekannte Spezialitäten sind der *Polpo alla Luciana* (Tintenfisch), der in einer Tomatensauce »schwimmt«, der Wrackbarsch, der Goldbrassen, die Miesmuscheln.

Obst- und Gemüsemarkt

△ Palazzo Ducale und
San Marco in Venedig ▷

S.Maria della Salute

Wurstmarkt (Salami)

Murano

Obst- und Gemüsemarkt

Kampanien ist auch die Heimat des *Mozzarella* und der *Pizza* in all ihren Varianten und für jeden Geschmack: *Mozzarella in carrozza* (zwischen Toastscheiben gebackener Mozzarella), *Pizza Napoli* und die mit unzähligen Zutaten gefüllten Teigtaschen wie *Calzone* und *Panzerotti.*
Ebenso vielfältig sind die Backwaren: *Sfogliatelle* (Blätterteiggebäck), *Zeppole* (gebackene Krapfen), *Taralli* (duftende Kringel), die *Pastiera,* eine Ostertorte aus Getreidekörnern, Quark und kandierten Früchten, der österliche *Casatiello* aus Hörnchenteig, mit Eiern und Zucker dekoriert. Zu Weihnachten sind die *Mostaccioli* aus Mandeln, Zucker, kandierten Früchten und Schokolade Brauch.

Apulien

Auch in Apulien sind – ähnlich wie in Kampanien – Tomaten und Gemüsevielfalt Protagonisten einer einfachen Bauern- und Hirtenküche. Das Gemüse wird zum Trocknen in der Sonne ausgelegt: längliche Tomaten, Lampascioni (wilde Zwiebeln), Oliven, Paprika und Auberginen.
Auch in dieser Region sind die hausgemachten Nudeln ein wichtiges Attribut: die sogenannten *Orecchiette* (Ohrennudeln). Die charakteristische Form des Ohrs wird erzielt, indem man mit der abgerundeten Spitze eines Messers über ein kleines Teighäufchen streicht. Bekannt sind auch die *Calzoni* oder *Calzunciddi,* eine Art große Ravioli, die sofort nach dem Backen in Öl serviert werden, die *Frisedda,* in Wasser eingeweichte Zwiebackkringel, die ausgedrückt und mit Tomate, Origano und Öl gewürzt werden und die die Bauern üblicherweise als Zwischenmahlzeit einnehmen. Zu den renommiertesten Nudelgerichten gehören die *Zite,* kurze Röhrennudeln, die mit Saucen aus kleinen Hackfleischbällchen, Mozzarella und Schafkäse angerichtet werden.
Fische, Krustentiere und Muscheln werden in Aufläufe gekleidet.
Unter den Backwaren finden wir *Cartedde* und *Purciduzzo,* beide mit Honig, die *Cassata,* eine Art Quarktorte, und eine Vielzahl von hellen und leichten Teigen, die mit großer Geduld vorbereitet und mit Creme und Marmelade gefüllt werden.

Basilicata

Auch die Basilicata hat ihre ursprüngliche, landwirtschaftliche Physiognomie bewahrt. Der einzige echte Reichtum dieser Region besteht aus ihren Olivenhainen und dem Gemüse- und Obstanbau, der auf den Landstreifen längs der Küste betrieben wird. Mit diesen Produkten bereiten die Einwohner ihre charakteristischen und schmackhaften Gerichte zu, z.B. die *Ciambotta,* eine Mischung aus Auberginen, fleischigen Tomaten, grünen, roten und gelben Paprikaschoten, die unter brennender Sonne gereift sind, und jungen, zarten grünen Zucchini. Auch hier sind die *Orecchiette* als Nudelart stark verbreitet. Sie schmecken besonders gut, wenn sie mit einer Sauce aus Fleisch, Basilikum, Knoblauch,

Petersilie und viel rotem Paprika angerichtet werden.
Auch hier ist Lammfleisch groß angeschrieben und wird vor allem im Backofen zubereitet. Weitere Beispiele für Fleischgerichte sind die *Carbonada di manzo,* eine Art kräftiger, herzhafter Rinderschmorbraten, und *Lepri in civet,* ein Hasenbraten, der zuerst in einer Rotwein- und Kräutermarinade ziehen muß. Als Aufschnittsorte ist Gamsschinken besonders begehrt.
Auch das Gebäck ist einfach und mit natürlichen Zutaten hausgemacht. Hartweizenmehl, Zucker, Eier und Anis sind die Hauptzutaten für die bekömmlichen *Taralli* (kleine Kringel). Lecker sind auch die getrockneten Feigen und das Feingebäck aus farbigem Zuckerwerk. Das Weintrinken aus einem speziellen Gefäß gehört zu den überlieferten Bräuchen, die heute noch in diesem Tal wach gehalten werden: Die *Grolla* ist ein Gefäß mit vielen Mundstücken rundherum, so daß alle Mittrinker aus einer eigenen »Tülle« trinken.

Kalabrien

Wir kommen jetzt nach Kalabrien mit seiner einfachen Küche, in der die großzügigen Geschenke des Erdbodens ihre Verwendung finden: Oliven, Zitrusfrüchte, Feigen. Hier gilt das gleiche wie für alle südlichen Küchen: Olivenöl und Gemüse sowie in großer Geduld hausgemachte Nudeln in allen möglichen Formen sind reichlich vorhanden, darunter die *Fusilli,* die mit einer Nadel durchbohrten *Maccaruni a ferritus* oder die hauchdünnen *Capiddi d'angilu* (Engelshaare) und auch die *Orecchiette,* die sich mittlerweile in vielen süditalienischen Regionen durchgesetzt haben.
Hauptzutaten der dazugehörigen Saucen sind meistens Olivenöl, Tomaten und Schafkäse. doch es gibt noch ein weiteres Nudelgericht für alle Tage, das weniger arbeitsaufwendig ist: die *Spaghetti aglio e olio* (Spaghetti mit Öl und Knoblauch) mit Zusatz von scharfen Pfefferschoten.
Auch das Fleisch wird hier auf einfache Weise zubereitet, vorzugsweise gegrillt.
Doch der größte Stolz der Kalabresen sind die auf tausend verschiedene Arten angerichteten Auberginen. Paniert und gebacken, in Öl, Knoblauch und Pfefferminze gegart, in eine Marinade aus Essig, Knoblauch, Basilikum und Pfeffer eingelegt, gefüllt oder unter Öl in Steintöpfen konserviert.
Kalabrien ist vom Meer mit großem Fischreichtum bedacht worden, vor allem mit dem Schwertfisch. Empfehlenswert ist *Stocco alla calabrese,* ein Auflauf aus Stockfisch, Kartoffeln, Oliven und Rosinen.
Typisch ist das Backwerk mit viel Nüssen und kandierten Früchten, häufig mit Honig gesüßt. Alles in allem also eine Küche ohne Luxusansprüche, doch sehr suggestiv in ihrer Bescheidenheit und Einfachheit.

Sizilien

Sizilien übt einen ganz besonderen Zauber aus. Man spürt das Meer auch dort, wo man es nicht sieht, in der üppigen Fruchtbarkeit der Ländereien zum Beispiel, und verharrt überrascht vor den ausgedehnten Pflanzungen der Zitrusfrüchte, der Obstplantagen, der Mandelbäume, der Olivenhaine, der Weinberge und Kaktusfeigen. Die sizilianische Küche ist reich an gegensätzlichen Düften und an einer großen Aromafülle.
Hier finden wir die schmackhaftesten Nudelgerichte: *Spaghetti, Maccheroni* und *Cannelloni* mit reichhaltigen Fleisch- und Tomatensaucen, oft mit Gemüsen und viel Origano angereichert, sowie Fischsaucen.
Unter den Fischgerichten sind die *Sarde a beccaficu* (entgrätete, gefüllte Sardinen) und die *Agghiotta di pesce spada* (Schwertfisch) nach Art von Trapani am bekanntesten.
Daneben wird eine Fülle von farbigen, honiggesüßten, duftenden Lekkereien mit Mandeln, kandierten Früchten und Creme angeboten, die fast alle in den Klöstern entstanden sind. Und dann gibt es noch kandierte Früchte, märchenhafte Eiscremes und Gramolaten.

Sardinien

Die Küche Sardiniens ist arabisch und spanisch beeinflußt und gleichzeitig genügsam und solide.
Die bevorzugte Würze ist *Safran,* der den Gerichten ein besonderes Aroma verleiht. Der erste Gang besteht meist aus Mehlteigen; klassisch die *Frégula,* eine Brühe mit kleinen, safrangelben Grießkügelchen. Aus Grieß sind auch die *Malloreddus,* kleine, gerillte, ovale Nudeln von der Größe eines Fingernagels, bei denen ebenfalls Safran zur Farbe und zum Geschmack beiträgt. Wie überall im Süden sind auch hier die Nudelgerichte sehr beliebt: die *Ferritus* und die *Spaghetti* mit Tomaten- oder pikanten Saucen. Auch bei der Fleischzubereitung ist ein erdverbundener, ursprünglicher Geschmack nicht zu verleugnen: Schweine-, Ziegen- und Lammfleisch, am Holzfeuerspieß und unter reichlicher Verwendung von Gewürzkräutern gebratenes Fleisch. Wild ist reichlich vorhanden: Hasen, Wildkaninchen, Enten, Bläßhühner, auch wieder mit vielen Kräutern zubereitet und als besondere Spezialität sogar in Myrtensträuße eingewikkelt. Erwähnenswert ist auch *Puddighinus a pienu,* ein gefülltes, im Ofen gebratenes Hähnchen.
Wunderbares, süßes Backwert ist in reichlicher Auswahl vorhanden: Torten – auf der Basis von Zucker, Honig, Traubenmost, Nüssen, Walnüssen, Mandeln, Rosinen und Zimt – und viele harte, große Keksformen, die sich gut aufbewahren lassen.

Damit sind wir am Ende unseres gastronomischen Trips durch die regionalen Küchen Italiens, bei dem Sie hoffentlich wenigstens eine kleine Vorstellung von unserem wunderschönen Land und ein Panorama der Eßgewohnheiten der italienischen Völker bekommen haben.

Simonetta Lupi Vada

VORSPEISEN

Antipasti

Tomaten, mit Thunfisch gefüllt
Pomodori ripieni al tonno

8 mittelgroße, feste, fleischige Tomaten
Salz und Pfeffer
2 oder 3 Eigelb (je nach Größe)
¼ TL Salz
Saft von ½ Zitrone
170 ml Olivenöl
10 entsteinte Oliven
1 kleine Essiggurke
1 kleine Dose Sardellenfilets, ca. 50 g
1 Dose Thunfisch, 210 g
1 Glas Kapern, 60–80 g
2 hartgekochte Eier
feingehackte Petersilie

Die Tomaten waschen und abtropfen lassen. Einen Deckel abschneiden und die Tomaten mit einem Löffel vorsichtig aushöhlen. Umgedreht auf einen Teller setzen, damit alle Flüssigkeit heraustropfen kann. Nach 10 Minuten innen salzen und pfeffern.
In der Zwischenzeit eine Mayonnaise zubereiten (alle Zutaten müssen Zimmertemperatur haben!) Eigelb, Salz und ein paar Tropfen Zitronensaft in eine Schüssel geben, mit dem Schneebesen oder elektrischen Handrührgerät verrühren, dann das Olivenöl tropfenweise hinzufügen. Sobald die Mischung cremig wird, das Öl teelöffelweise zugeben. Weiter schlagen, bis sie ganz dickflüssig wird. Mit Zitronensaft abschmecken und falls notwendig mit noch etwas Öl verdünnen.
Die Oliven mit der Gurke, den abgetropften Sardellenfilets (8 Stück zurückbehalten) und dem Thunfisch klein schneiden. Mit der Mayonnaise (etwas zum Garnieren aufheben) gründlich vermischen und die Tomaten mit der Mischung füllen. Die übrigen Sardellen jeweils um 1 Kaper wickeln und auf die Tomaten setzen. Die Tomaten mit Mayonnaise garnieren, auf einer Platte anrichten, mit den geschälten, in Scheiben geschnittenen Eiern und Petersilie verzieren. Bis kurz vor dem Servieren im Kühlschrank aufbewahren.

ABWANDLUNG

Die gefüllten Tomaten können auch mit Aspik glasiert werden. ½ Blatt (1½ TL) Gelatine in 2 EL Hühnerbrühe 5 Minuten einweichen, 125 ml Hühnerbrühe zugießen und erhitzen, bis die Gelatine sich auflöst. Abkühlen lassen und die Tomaten damit überziehen. Im Kühlschrank fest werden lassen. Die restliche Sülze auf einen Teller geben, kalt stellen, bis sie fest ist, in Würfel schneiden und zu den Tomaten servieren.

Fritierte Zucchinischeiben
Zucchine fritte

800 g Zucchini
Mehl
Öl zum Ausbacken
Salz

Die Zucchini waschen, die Stielenden abschneiden, in dünne Scheiben oder dünne lange Streifen (etwa so breit wie Bandnudeln) schneiden. Vorsichtig in Mehl wenden, in heißem Öl ausbacken, abtropfen lassen und mit Salz bestreuen.

Sardellen mit Paprikaschoten auf Kalabreser Art

Acciughe con peperoni alla calabrese

Je 1 grüne, gelbe und rote Paprikaschote
Olivenöl
4 hartgekochte, geschälte Eier
Salz
2 EL Kapern
12 gewässerte Sardellenfilets
1 Handvoll gehackte Petersilie

Die Paprikaschoten waschen, längs halbieren, Stiel, Kerne und Rippen entfernen, in schmale Streifen schneiden und in etwas Öl kurz andünsten. Die Eier klein hacken und mit etwas Salz vermischen. Auf eine flache, rechteckige Schale nebeneinander die roten Paprikastreifen, gehacktes Ei mit Kapern garniert, die Sardellenfilets, wieder Ei mit Kapern, die grünen Paprikastreifen, Ei mit Kapern, Sardellenfilets, zuletzt gelbe Paprikastreifen legen. Alles mit Petersilie bestreuen.

»Grashüpfer«-Sardinen

Sarde a beccaficu

16 frische Sardinen (ersatzweise auch andere kleine Fische, auch größere Weißfische)
Essig
Salz und Pfeffer
150 g geriebener Käse, mit 1 feingehackten Knoblauchzehe und etwas gehackter Petersilie gemischt
Mehl
2 Eier
Semmelbrösel
Öl
2 Zitronen

Die Sardinen säubern, Köpfe und Schwänze abschneiden, den Bauch ganz aufschlitzen, Rückengräte und Eingeweide herausnehmen, dabei die Fische aber nicht zerteilen. Waschen, abtrocknen und auf einer großen Platte aufgeklappt ausbreiten. Mit etwas Essig beträufeln, salzen, pfeffern und jeweils eine Fischhälfte mit der Käse-Knoblauchmischung bedecken. Die Fische wieder zusammenklappen, die Ränder fest aufeinanderpressen. In Mehl, Ei und Semmelbrösel wenden. Eine feuerfeste Form einölen, die Fische nebeneinander schichten, mit Öl beträufeln und 25–30 Minuten bei 190 °C im Ofen backen. Mit Zitronenscheiben servieren.

Auberginen-Sandwich

Melanzane in carrozza

4 große Auberginen
Salz
Öl zum Ausbacken
200 g Mozzarella-Käse
(ersatzweise Emmentaler)
Basilikumblätter
Mehl

Die Auberginen waschen, den Stielansatz abschneiden, längs in ½ cm dicke Scheiben schneiden, salzen und übereinanderlegen. Mit einem Teller beschweren und 1 Stunde durchziehen lassen. Abtrocknen und kurz in heißem Öl andünsten. Zwischen je 2 Auberginenscheiben 1 Scheibe Käse und 1 Blättchen Basilikum legen (ersatzweise mit getrocknetem, fein geriebenem Basilikum bestreuen), die »Sandwiches« in Mehl wenden und in heißem Öl goldbraun ausbacken. Mit etwas Salz bestreut servieren.

Auberginen mit Tomaten und Schinken

Melanzane alla parmigiana

4 Auberginen
25 g Butter
2 EL Olivenöl
1 Zwiebel
100 g Parmaschinken oder ein
ähnlicher roher Schinken
3 reife Tomaten
Salz
frisch gemahlener schwarzer Pfeffer

Die gesäuberten Auberginen in reichlich kochendem Wasser 10 Minuten garen, abtropfen lassen, trokkentupfen und längs halbieren. Butter und Öl in einer Kasserolle erhitzen, die geschälte, in Scheiben geschnittene Zwiebel hinzufügen und 5 Minuten dünsten. Den gewürfelten Schinken und die enthäuteten, gewürfelten Tomaten dazugeben und ebenfalls 5 Minuten dünsten. Die Auberginenhälften dazugeben, mit Salz und Pfeffer würzen und zugedeckt 20–30 Minuten dünsten. Heiß servieren.

Béchamelgemüse in Muscheln

Foto

Verdure in conchiglie con besciamella

700 g frisches Gemüse der Saison
(z. B. Bohnen, Zucchini,
Brokkoli, Blumenkohl,
Bleichsellerie, Spargelspitzen)
70 g gekochter Schinken
⅜ l Béchamelsauce (Seite 35)
30 g Butter
30 g Reibkäse

Das Gemüse putzen, waschen, in kleine Stücke schneiden und in leicht gesalzenem Wasser nicht zu weich kochen. Abtropfen lassen und in einer Schüssel mit dem kleinwürfelig geschnittenen Schinken und der Béchamelsauce mischen. In gebutterte Muschelformen füllen, Butterflöckchen darauf verteilen, mit Reibkäse bestreuen und bei 200 °C im Ofen überbacken, bis sich eine schöne Kruste bildet.

Selleriesalat

Insalata di sedano

2 Sellerieknollen
Essig
1 EL mittelscharfer Senf
Salz und Pfeffer
Olivenöl
1 Handvoll feingehackte Petersilie
½ Kopfsalat

Den Sellerie putzen, waschen und in 4 cm lange Stifte schneiden. Einige Minuten in kochendes Wasser geben (blanchieren), abtropfen und abkühlen lassen. In einer Schüssel Essig, Senf, Salz und Pfeffer, Öl und Petersilie verrühren, den Sellerie hinzufügen und unter mehrmaligem Wenden 1 knappe Stunden darin ziehen lassen. Aus der Marinade nehmen, in einer Schüssel mit den gewaschenen und abgetropften Salatblättern anrichten und nur wenig von der Marinade darübergießen.

Grüner Salat mit Thunfisch und Ei

Insalata di lattuga, uova e tonno

2 große oder 4 kleine Köpfe grüner Salat
200 g Thunfisch in Öl
2 hartgekochte, geschälte Eier
Salz und Pfeffer
Saft von 1 Zitrone
Öl
1 Handvoll feingehackte Petersilie
1 Stück geriebene Knoblauchzehe (nach Belieben)

Auf einer Platte die inneren, gut gewaschenen Salatblätter auslegen. Darüber den abgetropften, zerpflückten Thunfisch und die in Scheiben geschnittenen Eier legen. Salz, Pfeffer, Zitronensaft, Öl, Petersilie und evtl. Knoblauch zu einer Salatsauce vermischen, über den Salat gießen und vor dem Servieren etwas durchziehen lassen.

Römische Ostervorspeise

Antipasto pasquale romano

4 Stangen Bleichsellerie
1 Bund junge Karotten
100 g römische Rohsalami
4 hartgekochte, geschälte Eier
Salz
frisch gemahlener Pfeffer
Olivenöl

Das Gemüse putzen, waschen, in dicke Scheiben schneiden und mit enthäuteten, nicht zu dicken Salami- und Eischeiben auf einer Vorspeisenplatte hübsch anrichten. Salz, Pfeffer und Öl zu einer Marinade verrühren und darübergießen.

HINWEIS

Zu Ostern serviert man die hartgekochten Eier mit bunt bemalter Schale in einem Körbchen.

Römischer Reissalat

Insalata di riso alla romana

200 g Reis
100 g frische, enthülste Erbsen
2 Knoblauchzehen
1 Stück eingelegte rote Pfefferschote
das Innere eines Brötchens, in Brühe eingeweicht und ausgedrückt
Essig
Salz
Olivenöl
100 g Bauchspeck
100 g magerer gekochter Schinken
50 g gewässerte Sardellenfilets
60 g gefüllte grüne Oliven
gehacktes Basilikum
Majoran

Reis und gewaschene Erbsen getrennt in Salzwasser garkochen und abkühlen lassen. Den Knoblauch reiben, die Pfefferschote sehr fein hakken, das Brötchen dazugeben. Mit Essig, Salz und Öl zu einer Sauce verrühren. In eine Salatschüssel den Reis, den kleinwürfelig geschnittenen Speck, die Erbsen und den würfelig geschnittenen Schinken geben und mit der Sauce übergießen. Gut vermischen, streifig geschnittene Sardellenfilets und halbierte Oliven untermengen, mit Basilikum und Majoran abschmecken.

ABWANDLUNG

Zusätzlich kleingewürfelten Käse, in Scheiben geschnittene Würstchen und Essiggurken und in Streifen geschnittene, gedünstete rote Paprikaschote untermengen.

Salat von Meeresfrüchten

Insalata di frutti di mare

1,5 kg Muscheln, möglichst verschiedene Arten
150 g Scampi, tiefgekühlte, frische oder aus der Dose
150 g Steinpilze
Öl
Salz und Pfeffer
1 Handvoll Petersilie
1 Kopfsalat
Essig, Olivenöl
2 hartgekochte, geschälte und kleingehackte Eier

Die Muscheln abbürsten und unter fließendem Wasser waschen. In einem großen Topf mit etwas Wasser so lange erhitzen, bis sich alle Schalen geöffnet haben. Abkühlen lassen und das Muschelfleisch herausnehmen. Die Scampi in Stücke schneiden (tiefgekühlte vorher auftauen, frische Scampi vorher in sprudelnd kochendes Salzwasser werfen – sie sind sofort tot – und gar kochen, abtropfen und abkühlen lassen, das Fleisch herauslösen).
Die geputzten, blättrig geschnittenen Pilze in Öl mit Salz, Pfeffer und etwas feingehackter Petersilie weichdünsten, abtropfen und erkalten lassen. Mit Muscheln, Scampistücken und dem streifig geschnittenen Salat in einer Schüssel anrichten.
Essig, Salz und Pfeffer, Olivenöl und Eier zu einer Vinaigrette verrühren, die Salatzutaten damit vermischen, zuletzt mit der restlichen Petersilie bestreuen.

Gratinierte Miesmuscheln

Foto

Cozze al gratin

20–24 große Miesmuscheln
60 g feines Paniermehl
1 kleingeschnittene Knoblauchzehe
1 Handvoll gehackte Petersilie
½ TL Thymian oder Majoran
Salz und Pfeffer
60 ml Olivenöl
1 EL geriebener Parmesan

Die Miesmuscheln abbürsten und unter fließendem Wasser waschen. In einen großen Topf geben und bei starker Hitze ständig umrühren, bis sie sich öffnen. Die leeren Schalenhälften entfernen, die Hälften mit den Muscheln in eine leicht geölte Auflaufform legen.

In einer Schüssel das Paniermehl mit Knoblauch, Petersilie und Thymian oder Majoran mischen. Salz und Pfeffer hinzufügen und etwa 2 EL Öl tropfenweise zugießen (die Masse soll dicklich werden). Je nach Geschmack noch Parmesan hinzugeben. Die Schalen rund um die Muschel mit der Mischung ausfüllen, mit dem restlichen Öl beträufeln und etwa 1–2 Minuten in den heißen Grill schieben.

Schnecken in Knoblauchbutter

Lumache all'aglio

2 kg Schnecken
(10–12 Stück pro Person)
Salz
Essig
Mehl
1 Karotte
1 Kräutersträußchen aus Thymian, Lorbeerblatt, Petersilie
1 Zwiebel
Pfefferkörner
trockener Weißwein
200 g Butter
20 g Knoblauch
Petersilie
weißer Pfeffer
1 Prise geriebene Muskatnuß

Die Membrane wegschneiden, die das Schneckenhaus verschließt und die Gehäuse gründlich in kaltem Wasser waschen. Die Schnecken in eine Mischung aus Salz, Essig und etwas Mehl legen, um sie gründlich zu säubern. Nochmals waschen, in kochendes Wasser geben und ca. 8 Minuten durchkochen lassen. Das Fleisch aus dem Gehäuse ziehen (Schneckenhäuser beiseite legen), den schwarzen Eingeweidesack entfernen, in eine tiefe Pfanne legen. Karotte, Kräuter und Zwiebel kleinhakken und über die Schnecken geben, salzen und einige Pfefferkörner dazugeben. Mit Weißwein und Wasser, halb und halb übergießen und knapp 3 Stunden kochen.

Die Butter mit geriebenem Knoblauch, gehackter Petersilie, Salz, weißem Pfeffer und Muskatnuß vermischen und kalt stellen. In die Schneckenhäuser jeweils etwas von der Butter geben. Die gekochten Schnecken wieder in die Häuschen setzen, mit der restlichen Knoblauchbutter verschließen. Die Schnecken auf eine feuerfeste Platte oder in eine Schnekkenpfanne setzen und 8 Minuten im auf 180 °C vorgeheizten Ofen erhitzen.

Pikanter Gemüsesalat

Macedonia di verdure

200 g grüne Bohnen
200 g Karotten
1 Stange Bleichsellerie
200 g Kartoffeln
2 Artischocken
1 TL Worcestersauce
1 TL Senf
Saft von 1 Zitrone
Olivenöl, Salz und Pfeffer

Bohnen, Karotten und Sellerie putzen und waschen. Die Kartoffeln schälen, die Artischocken von den harten Blättern befreien und den Stiel abschneiden. Alles gar kochen, erkalten lassen, in Würfelchen schneiden und in eine Glasschüssel geben.

Die übrigen Zutaten zu einer Marinade verrühren, mit dem vorbereiteten Gemüse vermischen. Vor dem Servieren etwas durchziehen lassen.

Bresaola
Bresaola

200 g gesalzenes, getrocknetes und geräuchertes Rinderfilet
Öl, Saft von 1 Zitrone
Pfeffer

Das ist eine Spezialität aus dem Veltlin. Das Rinderfilet wird in feine Scheiben geschnitten. Man würzt es selbst am Tisch mit Öl, Zitronensaft und Pfeffer.

Abruzzen-Vorspeise
Antipasto all'abruzzese

3 fleischige, grüne Pfefferschoten (ersatzweise Paprikaschoten)
4 Eier
150 g Thunfisch in Öl
Essig
Salz und Pfeffer
Öl

Die Schoten waschen, Stiel, Kerne und Rippen entfernen und klein hakken. Die Eier hart kochen, abschrekken, schälen und in Achtel schneiden. Die Schotenstückchen auf eine Salatplatte geben, darauf einen Kranz aus dem abgetropften und zerpflückten Thunfisch legen, die Eier in der Mitte des Kranzes arrangieren. Essig, Salz, Pfeffer und Öl zu einer Marinade verrühren, über den Salat gießen und sofort auftragen.

Käse-»Fondue« aus dem Aostatal
Fonduta

Für 4–6 Personen
gut ½ l warme Milch
350 g Fontina-Käse in dünnen Scheiben
Salz
4 Eigelb
50 g Butter
1 Trüffel oder einige kleine Champignonköpfe
getoastete Brotscheiben

Einige EL Milch abnehmen, die übrige Milch in eine feuerfeste Schüssel gießen, im kochenden Wasserbad erhitzen. Die Käsescheiben und Salz zugeben, mit einem Holzlöffel so lange rühren, bis eine cremige Sauce entsteht. Eigelb und die beiseite gestellte Milch verrühren und in die Sauce gießen. Nach und nach die Butter zugeben und so lange rühren, bis die Fonduta glatt und geschmeidig ist. In kleine Schüsselchen verteilen, hauchdünne Trüffel- oder Champignonscheiben darüberstreuen und mit Toast servieren

Torte mit Spinat- und Käsefüllung

Torta pasqualina

Für 8 Personen

600 g Mehl
Salz
4 EL Pflanzenöl
¼ l lauwarmes Wasser

Füllung

1 kg frischer Spinat
100 g geriebener Parmesan
1 Prise Majoran
9 Eier
400 g Ricotta-Käse
Salz
frisch gemahlener Pfeffer
4 EL Olivenöl zum Bestreichen

Für den Teig das Mehl in eine Schüssel sieben, 1 Prise Salz, Öl und so viel Wasser zugeben, daß ein weicher Teig entsteht. So lange kneten, bis er ganz geschmeidig ist und in 14 gleiche Stücke teilen. Die Stücke zu kleinen Laibchen formen, mit Mehl bestreuen und mit einem Küchentuch zudecken. 1 Stunde ruhen lassen.

Den Spinat waschen, nur kurz abtropfen lassen, in einen Topf geben und einige Minuten garen. In ein Sieb schütten, gut ausdrücken, fein hacken. Zusammen mit Parmesan (1 EL übriglassen), Majoran, 3 verquirlten Eiern, Ricotta, Salz und Pfeffer in eine Schüssel geben. Alles gut verrühren und abschmecken.

2 Teigstücke zusammenkneten und dünn ausrollen. Mit dem Fladen, den mit Öl bepinselten Boden und den Rand einer Springform (26 cm Durchmesser) auslegen. Den Teig leicht mit Öl bestreichen. 6 weitere Teigstücke zu Fladen in der gleichen Größe ausrollen, nacheinander in die Form legen, jeden Fladen mit Öl bepinseln. Die Füllung auf den Teig streichen und mit einem Löffel 6 Vertiefungen anbringen. In jede Vertiefung vorsichtig 1 Ei schlagen, mit Salz und Pfeffer würzen und den restlichen Parmesan darüberstreuen. Die übrigen 6 Teigstücke ebenfalls zu dünnen Fladen ausrollen und nacheinander auf die Füllung legen, jeden Fladen leicht einölen. Auf dem obersten mit einer Gabel Linien ziehen, den Rand herunterdrücken, daß die Torte gut abgeschlossen ist. Die Oberfläche noch einmal mit Öl einpinseln. Die Torte im vorgeheizten Backofen bei 200 °C etwa 1 Stunde backen. Erst nach dem Abkühlen aus der Form nehmen und kalt servieren.

NUDELN

Pasta

Eiernudeln hausgemacht mit Sauce

Foto Seite 34

Pasta all' uovo fatta in casa con salsa

Für ca. 500 g Nudeln

400 g Weizenmehl Type 405
4 Eier
1 Messerspitze Salz
1 Handvoll Weizenmehl zum Einmehlen

Das Mehl auf das eingemehlte Nudelbrett häufen, in die Mitte eine Vertiefung drücken und die Eier hineinschlagen. Das Salz zugeben, mit den Fingerspitzen ganz langsam Eier und Mehl vermischen. Mit den Händen mindestens 10 bis 15 Minuten durcharbeiten, dabei mit einem Spachtel den Teig lösen, der sich auf dem Nudelbrett festsetzt. Kraftvoll durchkneten, bis ein elastischer, gut durchgemischter Teig entsteht. Während des Knetens gelegentlich den Teig glattziehen, mehrfach zusammenfalten und weiterkneten. Wenn er beginnt, kleine Blasen zu schlagen, eine Kugel daraus formen, mit Mehl bestreuen, in eine Schüssel geben und mit einem Küchentuch bedeckt 15 Minuten ruhen lassen. Danach kann der Teig mit der Nudelmaschine glattgezogen werden.
Will man ihn mit der Hand ziehen, folgendermaßen vorgehen: Den Teig etwas mit der flachen Hand glatt drücken und mit dem Nudelholz ausrollen. Dabei immer in der Mitte ansetzen und den Teig nach allen Seiten ziehen, daß eine runde, gleichmäßig dicke Platte daraus wird. Die ideale Teigstärke für alle Verwendungszwecke beträgt ca. 2 mm; bei einigen regionalen Nudelarten kann sie jedoch dicker oder dünner sein.
In sprudelnd kochendem Wasser *al dente* (bißfest) kochen, Italienische Fleischsauce, Tomatensauce oder Béchamelsauce (siehe nachstehende Rezepte) dazu servieren.

ABWANDLUNGEN

Hausgemachte Eiernudeln können nach Belieben eingefärbt werden:
Für grüne Nudeln fügt man den Zutaten 200 g pürierten Spinat zu und verwendet nur 3 Eier.
Für rote Nudeln fügt man den Zutaten 1 EL Tomatensauce oder 250 g Karottenpüree zu. Ebenfalls nur 3 Eier verwenden.
Für braune Nudeln fügt man dem Grundteig 30 g ungezuckerten Kakao und gegebenenfalls etwas Wasser zu.
Für violette Nudeln verknetet man 400 g Mehl mit dem Saft von 1 gekochten, durch ein Sieb passierten und in einem Tuch ausgedrückten roten Rübe und 4 Eiern. Gegebenenfalls etwas mehr Mehl nehmen.

Italienische Fleischsauce

Sugo di carne all'italiana

50 g gelbe Rübe
30 g mageres Bauchfleisch im Stück (Wammerl)
250 g Rindfleisch (Suppenfleisch)
50 g Zwiebeln
30 g Schinkenspeck
50 g Schinken
1 Stück Sellerie
1 Knoblauchzehe
10 g Trockenpilze
125 g Kalbfleisch (Kochfleisch)
½ abgesengter Kalbsfuß
3–4 EL Rotwein
1 Kräutersträußchen aus Thymian, Majoran, Lorbeerblatt
1 Gewürznelke
10 g Mehl
100 g gehäutete, entkernte und pürierte Tomaten
Salz und Pfeffer

Die gelbe Rübe und das Bauchfleisch in dünne Streifen schneiden und das Rindfleisch damit spicken. Zwiebeln, Schinkenspeck, Schinken, Sellerie, Knoblauch und die vorgequollenen Pilze in einen Topf geben, das Rindfleisch, Kalbfleisch und den Kalbsfuß dazugeben und bei mäßiger Hitze von allen Seiten anbraten. Mit Rotwein ablöschen, das Kräutersträußchen und die Gewürznelke dazugeben. Den Topf vom Herd nehmen, unter ständigem Rühren das Mehl einstreuen. Wieder auf den Herd stellen und das Tomatenpüree zufügen. Mit kochendem Wasser aufgießen, salzen, pfeffern und zugedeckt bei mittlerer Hitze, am besten im Ofen, 4 Stunden kochen lassen.

Das Fleisch herausnehmen (evtl. extra reichen) und den Saft durchsieben. Nochmals kurz aufkochen, falls der Saft zu dünn ist, etwas einkochen lassen. Der Fleischsaft hält sich im Kühlschrank mehrere Tage.

Tomatensauce auf Hausmacherart

Salsa di pomodoro alla casalinga

1½ kg enthäutete, entkernte und in Stücke geschnittene Tomaten
1 gelbe Rübe
1 Stückchen Sellerie
1 kleine Zwiebel
1 Knoblauchzehe
1 Zweiglein Basilikum
Öl
Salz und Pfeffer

Tomaten, gelbe Rübe, Sellerie und Zwiebel in kleine Stücke schneiden, mit Knoblauchzehe und Basilikum in eine Kasserolle geben. Etwas Öl dazugießen, salzen und pfeffern. Zum Kochen bringen, Knoblauch und Basilikum entfernen, mit etwas Wasser auffüllen und kurz durchkochen. Durch ein Sieb passieren.

Béchamelsauce
Besciamella

Für ½ l Sauce

50 g Butter
50 g Mehl
½ l Milch
1 Prise geriebene Muskatnuß
Salz und Pfeffer

Die Butter in einer Kasserolle zerlaufen lassen, das Mehl zugeben, unter ständigem Rühren anschwitzen. Mit warmer Milch aufgießen und bei kleiner Hitze unter ständigem Umrühren 10 Minuten durchkochen lassen. Mit Muskat, Salz und Pfeffer würzen und vom Herd nehmen.

ABWANDLUNG

In der Butter feingehackte Zwiebeln mit andünsten und die Sauce mit Thymian und Lorbeerblatt würzen.

Italienischer Nudelauflauf
Tagliarini all'italiana pasticciati

180 g Hühnerfleisch
100 g Butter
Salz und Pfeffer
2–3 EL Marsala (Likörwein)
¼–⅜ l Italienische Fleischsauce (Seite 33)
400 g Tagliarini (dünne Bandnudeln), ersatzweise Bandnudeln oder Spaghetti
80 g geriebener Parmesan
1 kleine Trüffel

Das Hühnerfleisch in kleine Würfel schneiden und in 20 g Butter anbraten. Salzen, pfeffern, mit Marsala ablöschen und den Fleischsaft hinzufügen. Kurz durchkochen lassen. Inzwischen die Nudeln nicht zu weich kochen, abtropfen lassen. Eine Auflaufform ausbuttern, schichtweise abwechselnd Nudeln und Hühnerfleisch einfüllen. Die oberste Lage sind Nudeln. Die Nudellagen jeweils mit Käse bestreuen und mit Butterflöckchen belegen. Auf die letzte Lage dünne Trüffelscheiben legen. Im Ofen goldbraun überbacken, Salat und geriebenen Käse dazu reichen.

Fadennudeln mit Pilzen
Vermicelli con funghi

½ Zwiebel
1 Stück Petersilienwurzel
100 g Schmalz
1 Stück scharfe Pfefferschote
350 g Pilze nach Wahl
700 g enthäutete, entkernte und pürierte Tomaten
400 g Vermicelli (Fadennudeln) oder Spaghetti

Zwiebeln und Petersilienwurzel fein hacken, im Schmalz goldgelb dünsten, Pfefferschote und in Scheiben geschnittene Pilze hinzufügen und umrühren. Das Tomatenpüree dazugeben und bei kleiner Hitze 15 Minuten köcheln lassen. Inzwischen die Nudeln nicht zu weich kochen und abtropfen lassen. Auf einer vorgewärmten Platte anrichten und mit dem Pilzgemüse vermischen.

Spaghetti auf neapolitanische Art
Spaghetti alla napoletana

1 EL feingehackte Zwiebeln
20 g Butter
40 g kleingewürfelter Speck
oder Schinkenspeck
Salz und Pfeffer
600 g enthäutete, entkernte
und pürierte Tomaten (oder 1–2
Döschen Tomatenmark, mit der gleichen
Menge Wasser verrührt)
400 g Spaghetti
1 EL feingehacktes Basilikum
50 g geriebener Parmesan

Die Zwiebeln in der Butter goldgelb andünsten, den Speck hinzufügen, salzen, pfeffern und das Tomatenpüree dazugeben. 15 Minuten köcheln lassen. Die Spaghetti in Salzwasser nicht zu weich kochen, abtropfen lassen, auf einer Platte anrichten. Die Sauce darübergießen, mit Basilikum und Parmesan bestreuen.

Spaghetti mit Oliven
Spaghetti alla puttanesca

40 g Butter, Öl
2 Knoblauchzehen (nach Belieben)
4 Anchovisfilets
1 EL Kapern
150 g entsteinte schwarze Oliven
4 Tomaten
Salz
400 g Spaghetti
feingehackte Petersilie

In der Butter und in einigen EL Öl die feingehackten Knoblauchzehen, die in Stücke geschnittenen Anchovis, die feingehackten Kapern und Oliven, die gehäuteten, entkernten und in Stücke geschnittenen Tomaten andünsten und alles in ca. 15 Minuten zu einer dicken Sauce einkochen lassen. Mit Salz abschmecken. Die in Salzwasser nicht zu weich gekochten Spaghetti abtropfen lassen, auf einer Platte anrichten, die Sauce darübergießen und mit Petersilie bestreuen.

Spaghetti mit Thunfisch
Spaghetti col tonno

2–3 EL Öl
2 Knoblauchzehen (nach Belieben)
400 g Tomaten
Salz und Pfeffer
80 g Thunfisch in Öl
50 g Sardellenbutter
400 g Spaghetti
feingehackte Petersilie

Im heißen Öl die zerdrückten Knoblauchzehen andünsten, die geschälten, entkernten und in Stücke geschnittenen Tomaten, Salz und Pfeffer zugeben und alles in etwa 15 Minuten zu einer dicken Sauce einkochen lassen (notfalls etwas Wasser zugeben). Die abgetropften Thunfischstücke in wenig Öl anbraten, mit der Sardellenbutter vermischt an die Sauce geben und mit den gekochten und abgetropften Spaghetti vermischen. Mit Petersilie bestreut anrichten.

Bucatini mit Muscheln

Bucatini con le cozze

1 kg Muscheln (auch Miesmuscheln)
2–3 EL Öl
50 g Butter
2 EL Sardellenpaste
100 g schwarze Oliven
250 g enthäutete, entkernte und pürierte Tomaten
Fleischbrühe
400 g Spaghetti oder Bucatini (lange Röhrennudeln)
1 geriebene Knoblauchzehe (nach Belieben)
1 Sträußchen Petersilie

Die Muscheln abbürsten und unter fließendem Wasser waschen. In einem großen Topf im Öl so lange erhitzen, bis sich alle Muscheln geöffnet haben. Das Fleisch herauslösen, in eine Schüssel geben und mit ein paar EL des Kochwassers übergießen.

In einer Kasserolle ein nußgroßes Stück Butter mit einigen EL Öl zergehen lassen, die Sardellenpaste unterrühren, die entsteinten, in Scheiben geschnittenen Oliven und die Tomaten zugeben. Gut mischen, 10 Minuten bei schwacher Hitze kochen, mit einigen EL Fleischbrühe auffüllen und noch etwas ziehen lassen.

Die Nudeln in Salzwasser nicht zu weich kochen und abtropfen lassen. Auf einer vorgewärmten Platte anrichten. In die Sauce den Knoblauch, die feingehackte Petersilie und die Muscheln geben. Die Hälfte der Sauce mit den Nudeln vermischen, die andere Hälfte extra reichen.

Bucatini nach der Art von Amatrice

Bucatini all'amatriciana

400 g Spaghetti oder Bucatini (lange Röhrennudeln)
100 g magerer Bauchspeck (Wammerl)
Öl
¼ Zwiebel
1 Stückchen scharfe Pfefferschote
100 g enthäutete, entkernte und in Stücke geschnittene Tomaten
70 g geriebener Pecorino

Die Teigwaren wie üblich in Salzwasser kochen und abtropfen lassen. Inzwischen den würfelig geschnittenen Speck in heißem Öl anbraten, mit dem Schaumlöffel herausnehmen und warm stellen. In das heiße Fett die feingehackten Zwiebeln, die ebenfalls feingehackte Pfefferschote und die Tomaten geben. Gut vermischen und 6–7 Minuten kochen lassen. Mit den Speckwürfeln verrühren, über die Nudeln geben und das Gericht dick mit Käse bestreuen.

Penne überbacken

Foto

Penne gratinate

1 Rezept Béchamelsauce (Seite 35) oder
Tomatensauce (Seite 33)
400 g Penne (kurze Hohlnudeln)
100 g Butter
70 g geriebener Parmesan
Semmelbrösel

Die Sauce zubereiten.
Die Penne in ungesalzenem Wasser nicht zu weich kochen. Abtropfen lassen und in einer Schüssel mit der Hälfte der Sauce, 50 g Butter und 2 EL Parmesan vermischen. In eine feuerfeste, ausgebutterte Auflaufform geben, mit der restlichen Sauce übergießen, den restlichen Parmesan mit Semmelbröseln mischen und darüberstreuen. Butterflöckchen aufsetzen und bei 190 °C im vorgeheizten Ofen überbacken.

Heu und Stroh

Paglia e fieno

Je 200 g grüne und gelbe Bandnudeln
oder Spaghetti, Salz
süße Sahne, 100 g Butter
50 g kleingehackter Schinken
70 g geriebener Parmesan

Die Nudeln in Salzwasser nicht zu weich kochen. Inzwischen auf ganz schwacher Hitze Sahne, Butter, Schinken, die Hälfte Parmesan und etwas Salz miteinander verrühren. Über die abgetropften, auf einer vorgewärmten Platte angerichteten Nudeln geben, den restlichen Parmesan extra reichen.

Agnolotti, Ravioli oder Cannelloni

400 g Mehl
1 EL Öl
Salz
5 Eier

Das Mehl auf ein großes Brett sieben, in die Mitte eine Vertiefung machen, Öl und etwas Salz hineingeben, 4 Eier dazuschlagen. Bei weniger Eiern etwas Wasser zufügen. Alles langsam von außen nach innen vermischen und zu einem geschmeidigen Teig verkneten. Gut ½ Stunde ruhen lassen.

Den Teig in 2 Teile teilen, jede Hälfte mit dem Nudelholz dünn ausrollen (für Cannelloni wird der Teig nicht geteilt, sondern nach dem Ausrollen in 8 × 10 cm große Rechtecke geschnitten, getrocknet und je nach Rezept weiterverarbeitet). Für Ravioli und Agnolotti eine Hälfte des Teiges mit einer Füllung (rechts und Seite 41) belegen, die andere Hälfte darüberlegen und mit 1 verquirlten Ei (etwas Wasser zugeben) bestreichen. Dann mit dem Messer oder dem Teigrad für Agnolotti Halbmonde oder Dreiecke und für Ravioli Quadrate ausschneiden. Oder: Zuerst die Nudeltäschchen ausschneiden und dann füllen. Die Ränder der Täschchen müssen gut zusammengedrückt werden.

Vorsichtig in leicht gesalzenes, kochendes Wasser gleiten lassen, bei schwacher Hitze mehr ziehen als kochen lassen, damit die Teigtäschchen nicht platzen.

Rahmravioli überbacken

Ravioli alla panna gratinati

1 Rezept Ravioli
(links)

Füllung

30 g gehackte Zwiebeln
40 g Butter
350 g Bratwürstchen
30 g Semmelbrösel
Salz und Pfeffer
2 Eigelb
80 g geriebener Parmesan
Butter für die Form
knapp ⅛ l süße Sahne
geriebener Parmesan

Die Ravioli vorbereiten.

Für die Füllung die Zwiebeln in der Butter anrösten, die enthäuteten, kleinwürfelig geschnittenen Würstchen hinzufügen und anbraten. Semmelbrösel, Salz und Pfeffer dazugeben und alles etwa 10 Minuten schmoren lassen. In eine Schüssel geben, erkalten lassen, mit Eigelb und Käse vermischen.

Die Ravioli damit füllen und gar ziehen lassen. Abgetropft in eine gebutterte Auflaufform schichten, jede Lage mit Sahne begießen, Butterflöckchen darauf verteilen und dick mit Parmesan bestreuen. Im Ofen bei 190 °C goldgelb überbacken.

Mailänder Ravioli
Ravioli alla milanese

1 Rezept Ravioli
(Seite 40)

Füllung
1 Kalbshirn
Essig
20 g Butter
150 g Rindermark
250 g gekochtes Hühnerfleisch
20 g geriebener Parmesan
30 g in etwas Milch aufgeweichtes, ausgedrücktes, altbackenes Weißbrot
Salz und Pfeffer
1 Prise geriebene Muskatnuß
2 Eigelb
1 Rezept Italienische Fleischsauce
(Seite 33)
geriebener Parmesan

Die Ravioli vorbereiten.
Für die Füllung das gereinigte und von den Häuten befreite Hirn ganz kurz in Essigwasser blanchieren, fein hacken und in Butter kurz anbraten. Das Rindermark in etwas lauwarmem Wasser aufweichen und zusammen mit dem Hühnerfleisch ebenfalls klein hacken. Alles mit dem Parmesan und dem Weißbrot in eine Schüssel geben, salzen, pfeffern, mit Muskatnuß würzen und mit dem Eigelb gut vermischen.
Die Ravioli damit füllen und gar ziehen lassen. Abgetropft auf einer vorgewärmten Platte anrichten, mit Parmesan und Fleischsauce auftragen.

Vegetarische Agnolotti für die Fastenzeit
Agnolotti delicati di Quaresima

1 Rezept Agnolotti
(Seite 40)

Farce
500 g frischer Spinat
250 g Quark
30 g geriebener Parmesan
1 Prise geriebene Muskatnuß
Salz und Pfeffer
1 Ei
100 g Butter
Salbeiblätter
100 g geriebener Parmesan

Die Agnolotti vorbereiten.
Für die Farce den gewaschenen Spinat in ganz wenig Wasser weich dünsten, abtropfen lassen, ganz fein hakken oder im Mixer pürieren. Gut abkühlen lassen. Den Quark durch ein Sieb in eine Schüssel passieren, Spinat, Käse, Muskat, Salz und Pfeffer dazugeben und zusammen mit dem Ei gut vermischen.
Die Agnolotti damit füllen und gar ziehen lassen. Auf einer vorgewärmten Platte anrichten, mit zerlassener Butter, vermischt mit feingeriebenem Salbei, beträufeln und mit Parmesan bestreuen. Mit einigen Salbeiblättchen garnieren.

Schinkennudeln nach Köhlerart

Foto

Bucatini alla carbonara

Öl
100 g Schinkenspeck
4 Eier
süße Sahne
50 g geriebener Parmesan
Salz und Pfeffer
400 g Bucatini (lange Röhrennudeln)
oder Spaghetti
20 g Butter

In einer Kasserolle einige EL Öl erhitzen, den gewürfelten Speck dazugeben und anbraten. In einer Schüssel die Eier (nach Belieben auch nur die Dotter) mit einigen EL Sahne, Parmesan, Salz und Pfeffer vermischen. Die Nudeln in Salzwasser nicht zu weich kochen, abtropfen lassen. In einer großen Pfanne die Butter erhitzen, die Nudeln mit dem Speck hineingeben und die Eiermischung darübergießen. Auf schwacher Hitze vermischen und sofort auftragen.

Trenette mit Pesto

Foto

Trenette col Pesto

50 g Basilikumblätter
Meersalz
3 Knoblauchzehen
6 EL Olivenöl
25 g geröstete und gehackte Pinienkerne
40 g geriebener Pecorino-Käse
400 g Trenette (schmale Bandnudeln)

Die Basilikumblätter fein hacken und mit Salz, den Knoblauchzehen und 3 EL Öl im Mörser zerstoßen. Das restliche Öl, die Pinienkerne und den Pecorino zugeben und mit der Masse gut verrühren. Die Nudeln in reichlich Salzwasser nicht zu weich kochen und gut abtropfen lassen. 1 EL Kochwasser unter die Basilikumsauce rühren. Die Nudeln in eine vorgewärmte Schüssel füllen, mit Pesto gut vermischen und sofort servieren.

Grüne Lasagne auf Feinschmeckerart

Lasagna alla buongustaia

Lasagne

500 g frischer Spinat
500 g Mehl
4 Eier
1 EL Öl
Salz

Farce

80 g Butter
Öl
300 g Rinderhackfleisch
100 g in Streifen geschnittenes Hühnerfleisch
5 EL trockener Weißwein
Salz
60 g geriebener Käse
1 Trüffel

Für die Lasagne den Spinat waschen und weich dünsten. Abtropfen lassen, fein hacken oder im Mixer pürieren. Das Mehl mit Eiern, Öl und einer Prise Salz zu einem geschmeidigen Teig verarbeiten und mit dem Spinat vermischen. Den Teig nochmals gut durchkneten und etwas ruhen lassen. Dünn ausrollen und in 8 × 10 cm große Blätter schneiden. Auf ein bemehltes Brett zum Trocknen legen.

Für die Farce in einer Kasserolle 50 g Butter mit einigen EL Öl erhitzen, Hack- und Hühnerfleisch hinzufügen, ca. 10 Minuten schmoren lassen. Mit dem Wein ablöschen, etwas einkochen lassen, salzen und bei schwacher Hitze gar kochen.

Die Lasagneblätter in einem großen Topf mit leicht gesalzenem Wasser nicht zu weich kochen, abtropfen lassen und nochmals auf einem Brett oder Tuch trocknen lassen. In eine gebutterte Auflaufform abwechselnd Lasagne und Füllung schichten, als letzte Schicht Lasagne. Jede Schicht mit Käse bestreuen und einigen Trüffelscheiben belegen. Zuletzt Butterflöckchen und Reibkäse auf die Lasagne geben. Im Ofen bei 190 °C kurz überbacken.

Lasagne auf Piemonteser Art

Lasagna pasticciata alla piemontese

Lasagne

400 g Mehl
4 Eier
1 EL Öl
Salz

Sauce bolognese

50 g roher Schinken
Öl
¼ feingehackte Zwiebel
½ feingehackte gelbe Rübe
1 Stückchen feingehackter Sellerie
½ feingehackte Knoblauchzehe
250 g grobgehacktes Ochsenfleisch
20 g getrocknete Pilze
Salz und Pfeffer
1 Prise geriebene Muskatnuß
1/10 l Rotwein
feingehackter Majoran
feingehackte Petersilie
½ EL Mehl
200 g gehäutete, entkernte und pürierte Tomaten
50 g Butter
100 g geriebener Parmesan
Semmelbrösel

Die Lasagne wie für Grüne Lasagne auf Feinschmeckerart (links) vorbereiten, aber ohne Spinat.
Für die Sauce bolognese den kleingewürfelten Schinken mit einigen EL Öl andünsten, Zwiebeln, gelbe Rübe, Sellerie und Knoblauch zufügen, goldbraun werden lassen. Das Fleisch und die in Wasser vorgequollenen und grob geschnittenen Pilze dazugeben. Einige Minuten dünsten lassen, salzen, pfeffern und mit Muskatnuß würzen. Mit Wein ablöschen, die Kräuter zufügen und die Sauce einkochen lassen, bis der Wein vollständig verdunstet ist. Mit in etwas Wasser verrührtem Mehl binden, das Tomatenpüree unter Rühren dazugeben und bei schwacher Hitze einkochen lassen.
Die Lasagneblätter in einem großen Topf mit leicht gesalzenem Wasser nicht zu weich kochen, abtropfen und trocknen lassen. Mit der Salsa bolognese und dem Parmesan abwechselnd in eine gebutterte Auflaufform schichten, als letzte Schicht Lasagne zuletzt mit Butterflöckchen und Parmesan, vermischt mit Semmelbröseln, bestreuen. Im Ofen bei 190 °C überbacken.

Nudeln mit Brokkoli auf sizilianische Art

Pasta col broccolo alla siciliana

30 g Rosinen
800 g Brokkoli
1 kleine Zwiebel
Öl
700 g gehäutete, entkernte und pürierte Tomaten
Salz
1 zerdrückte Knoblauchzehe
1 Stück feingehackte Pfefferschote
80 g gewässerte Sardellenfilets
30 g Pinienkerne
400 g Maccheroni (Röhrennudeln)
1 Sträußchen Basilikum
80 g geriebener Pecorino

Die Rosinen in Wasser vorquellen lassen, den gewaschenen Brokkoli in leicht gesalzenem Wasser nicht zu weich kochen (Kochbrühe aufheben!), in Röschen teilen. In einer Kasserolle die feingehackte Zwiebel in Öl glasig werden lassen. Das Tomatenpüree dazugeben, salzen und zugedeckt bei mäßiger Hitze kochen lassen. Kurz vor Ende der Garzeit die Brokkoliröschen zufügen und mitgaren lassen.
In einer Pfanne Öl erhitzen, Knoblauch, Pfefferschote und die Sardellenfilets anbraten. Etwas Brokkolibrühe, die Rosinen und Pinienkerne dazugeben. Mit der Tomatensauce vermischen. Die nicht zu weich gekochten Nudeln abtropfen lassen und auf einer vorgewärmten Platte mit der Sauce vermischen. Mit feingehacktem Basilikum und Pecorino bestreut auftragen.

Cannelloni aus dem Latium
Cannelloni alla laziale

1 Rezept Cannelloni (Seite 40)

Füllung

½ kleingehackte Zwiebel
½ kleingehackte gelbe Rübe
1 Bund feingehackte Petersilie
40 g Butter
250 g Rinderhackfleisch
50 g roher Schinken
20 g getrocknete Pilze, in Wasser vorgequollen
1 Kalbshirn
Essig, Salz und Pfeffer
1 Prise geriebene Muskatnuß
1/10 l Weißwein, Mehl
200 g enthäutete, entkernte und in Stücke geschnittene Tomaten
50 g Butter
1 Rezept Italienische Fleischsauce (Seite 33)
80 g geriebener Parmesan

Die Cannelloni vorbereiten.
Für die Füllung Zwiebel, gelbe Rübe und Petersilie in einer Kasserolle mit Butter andünsten. Hackfleisch und kleingeschnittenen Schinken zufügen, ebenso die in Stücke geschnittenen Pilze und das enthäutete, in etwas Essigwasser blanchierte, kleingehackte Hirn. Salzen, pfeffern, mit Muskatnuß würzen. Mit Wein, in den etwas Mehl verrührt wurde, ablöschen, zuletzt die Tomaten dazugeben. Durchkochen lassen, bis die Flüssigkeit ganz verdunstet ist.
Die Cannelloni nicht zu weich kochen, abtropfen und abkühlen lassen. Mit der Füllung bestreichen, zu Röhren aufrollen, die Ränder andrücken und nebeneinander in eine gebutterte Auflaufform schichten. Über jedes Röhrchen etwas Sugo di carne geben, Butterflöckchen darauf verteilen und mit Parmesan bestreuen. Im Ofen bei 190 °C überbacken.

Nudeln mit Schinken und Erbsen
Pasta con prosciutto e piselli

60 g Butter, 1 kleine Zwiebel
300 g frische, enthülste Erbsen
Salz und Pfeffer
100 g gekochter Schinken
Fleischbrühe
400 g Teigwaren nach Belieben
50 g gewürfelter Emmentaler
50 g geriebener Parmesan

In einer Kasserolle 30 g Butter erhitzen, die feingehackte Zwiebel darin dünsten. Die Erbsen waschen, dazuschütten, salzen und pfeffern und bei mäßiger Hitze garen. Ab und zu den Topf vom Herd nehmen und vorsichtig schütteln, damit die Erbsen nicht anbrennen.
In einem anderen Topf den in Streifen geschnittenen Schinken mit der restlichen Butter anrösten, mit den Erbsen vermischen, mit etwas Fleischbrühe auffüllen und kurz durchziehen lassen. Die Nudeln inzwischen nicht zu weich kochen, abtropfen lassen und in eine feuerfeste Schüssel geben. Mit den Erbsen vermischen und ganz kurz in den heißen Ofen geben, damit alle Flüssigkeit verdunstet. Mit dem Käse vermischen und rasch auftragen.

REIS, MAIS, NOCKEN

Riso, Polenta, Gnocchi

Reis mit Erbsen

Risi e bisi

Öl, 40 g Butter
100 g Speck
1 kleine Zwiebel
300 g frische, enthülste Erbsen
½ l Fleischbrühe
300 g Reis
80 g geriebener Parmesan
1 Sträußchen Petersilie

1 EL Öl, Butter, Speck- und Zwiebelwürfelchen in eine Kasserolle geben und anrösten lassen. Die Erbsen zufügen, kurz andünsten lassen, mit Brühe auffüllen und zum Kochen bringen. Den Reis dazugeben, gut umrühren. Bei kleiner Hitze ausquellen lassen, falls nötig, noch etwas Brühe nachgießen. Vom Herd nehmen, mit der Hälfte Parmesan und der kleingehackten Petersilie vermischen. Den restlichen Käse extra servieren.

Römische Reis-Mozzarella-Kroketten

Crocchette di riso
e mozzarella alla romana

25 g Butter
400 g Reis
0,8 l Fleischbrühe
4 EL geriebener Parmesan
Salz und Pfeffer
25 g Mozzarella
1 dicke Scheibe Schinken
2 Eier
Semmelbrösel
Öl
1 Bund Petersilie

Die Butter in einer Kasserolle zerlassen, den Reis hineingeben und einige Minuten lang unter Rühren mit einem Holzlöffel anbräunen. Die kochende Brühe angießen, den Reis 15 Minuten (bis die gesamte Brühe verdampft und der Reis recht trokken ist) kochen lassen. Den Parmesan dazugeben, mit Salz und Pfeffer abschmecken, auf einem großen Teller gut auskühlen lassen.
Inzwischen den Mozzarella und den Schinken klein schneiden. Den kalten Reis in eine große Schüssel umfüllen, 1 verquirltes Ei dazugeben und gut umrühren. Den Reis portionsweise mit den Händen zu hühnereigroßen Bällchen rollen, in die Mitte jeder Krokette mit dem Finger eine Mulde drücken und etwas Mozzarella und Schinken hineinfüllen, gut abdecken. Die Kroketten in verquirltem Ei und in Semmelbröseln wälzen. Reichlich Öl in einer Pfanne erhitzen, sobald es zu rauchen beginnt, die Kroketten hineingeben. Unter Wenden von allen Seiten goldbraun braten, mit einem Schaumlöffel herausnehmen, abtropfen lassen und auf Küchenpapier legen, damit das überflüssige Öl aufgesaugt wird. Die Kroketten auf eine Platte häufen und mit einigen Stengelchen Petersilie garnieren.

HINWEIS

Die Kroketten sehr heiß servieren. Man ißt sie als Vorspeise oder auch als Beilage zu Braten oder gebratenen Meeresfrüchten. Mit Tomatensauce als Beilage kann man sie sogar als ersten Gang servieren.

Reisauflauf

Sartù di riso

200 g Rinderhackfleisch
1 EL in Milch eingeweichtes, ausgedrücktes, altbackenes Weißbrot
200 g Mozzarella-Käse
1 EL feingehackte Petersilie
3 Eier
Salz und Pfeffer
Mehl
100 g Butter
20 g getrocknete Pilze
500 g geschälte Tomaten aus der Dose
300 g Reis
Fleischbrühe nach Bedarf
50 g geriebener Parmesan
200 g Würstchen, in Scheiben geschnitten
1 gelbe Rübe, gehackt
1 Stange Bleichsellerie, gehackt
1 Knoblauchzehe, zerdrückt
5–6 EL Semmelbrösel

Das Hackfleisch in eine Schüssel geben, das Brot untermengen, ebenso 100 g kleingeschnittenen Mozzarella, Petersilie, 1 Ei, Salz und Pfeffer. Die Masse zu walnußgroßen Bällchen rollen. In Mehl wälzen, in wenig Butter braten und abtropfen lassen. Die Pilze in warmem Wasser 30 Minuten einweichen, ausdrücken und hacken. In Butter dünsten, mit Salz und Pfeffer abschmecken, die kleingeschnittenen, im Mixer pürierten Tomaten dazugeben. 30 Minuten kochen lassen.

50 g Butter in einem Topf zerlassen, 4 EL von der Tomatensauce und 1 Minute später den Reis hineingeben. Einige Minuten dünsten, dann nach und nach kochendheiße Brühe angießen und den Reis fast gar kochen. Den Topf vom Herd nehmen, den Parmesan und 1 Ei unter den Reis heben, die Mischung zum Auskühlen ausbreiten. Die Fleischbällchen, die Wurstscheiben, gelbe Rübe, Sellerie und Knoblauch in die restliche Tomatensauce rühren. Eine hohe Backform mit glatten Rändern mit Butter einfetten und mit Semmelbröseln auskleiden. Das 3. Ei verquirlen, die Hälfte davon in die Backform gießen, noch einmal mit Semmelbröseln ausstreuen, das restliche Ei hineingießen, ein 3. Mal mit Semmelbröseln ausstreuen. Die Reismasse bis auf 4 EL in die Form füllen und mit einem Löffel gut festdrücken. Die Sauce darübergießen, den restlichen gewürfelten Mozzarella darüberstreuen und mit dem übrigen Reis zudecken. Die restliche Butter mit 2 EL Semmelbröseln vermischen und abschließend darübergeben. Im Backofen bei 180 °C 40 Minuten lang backen, bis die Oberfläche braun wird und eine harte Kruste hat. Aus dem Ofen nehmen und ein wenig auskühlen lassen, auf eine Platte stürzen und servieren.

Mailänder Risotto

Foto

Risotto alla milanese

50 g Mark aus Rinderknochen
70 g Butter
1 kleine Zwiebel, Salz und Pfeffer
400 g Reis
0,1 l trockener Weißwein
Fleischbrühe nach Bedarf
1 Prise Safran, in 1 EL Fleischbrühe angerührt
50 g geriebener Parmesan

Das Mark grob hacken. Die Hälfte der Butter in einer Kasserolle zerlassen, das Mark, die gehackte Zwiebel und je 1 Prise Salz und Pfeffer hinzufügen. Wenn die Zwiebel weich ist (aber nicht braun), den Reis in die Kasserolle schütten, den Weißwein angießen und bei großer Hitze einkochen lassen. Noch einige Minuten köcheln lassen, dann sehr langsam so viel Brühe wie nötig angießen, und mit einem Holzlöffel gut umrühren. Wenn der Reis halb gar ist, gibt man den Safran hinein.
Wenn der Risotto noch Biß hat, aber schon gar ist, den Topf vom Herd nehmen. Das Gericht mit der restlichen Butter und Parmesan abrunden und eine Weile ziehen lassen.

Reis und vier Käsesorten

Riso ai quattro formaggi

400 g Reis
80 g Butter
40 g geriebener Parmesan
je 150 g Käse in dünnen Scheiben, z.B. Fontina, Provolone, Mozzarella und Parmesan

Den Reis in leicht gesalzenem Wasser nicht zu weich kochen. In eine Terrine geben, 50 g Butter und den Parmesan untermischen, den Reis in einem Topf nochmals kurz durchdünsten. In eine feuerfeste, gebutterte Form lagenweise Reis und jeweils 1 Käsesorte schichten. Den Abschluß bildet Reis. Die restliche Butter zerlassen, die Hälfte davon über den Reis träufeln, im Ofen bei 200 °C goldgelb überbacken. Mit der restlichen Butter beträufelt servieren.

Risotto mit Pilzen

Risotto coi funghi

25 g getrocknete Pilze
1 kleingehackte Zwiebel
80 g Butter
Öl
400 g Reis
Salz und Pfeffer
1/10 l trockener Weißwein
Fleischbrühe
100 g geriebener Parmesan

Die Pilze in lauwarmem Wasser 15 Minuten einweichen, waschen und kleinhacken. Die Zwiebeln in 50 g Butter und 1 EL Öl weichdünsten. Den Reis dazugeben, vom Herd nehmen, die Pilze, Salz und Pfeffer zufügen. Wieder auf den Herd geben, mit Wein aufgießen und unter öfterem Nachgießen von Fleischbrühe den Reis ausquellen lassen. Zum Schluß die restliche Butter und etwas Parmesan unter den Risotto mischen. Den restlichen Käse extra reichen.

Risotto mit Parmesan

Risotto alla parmigiana

100 g Butter
½ gehackte Zwiebel
frisch gemahlener schwarzer Pfeffer
3–4 EL Weißwein
400 g Reis
1 l heiße Fleischbrühe
100 g geriebener Parmesan

Die Hälfte der Butter in einer Pfanne erhitzen, die Zwiebel zufügen und glasig werden lassen. Mit Pfeffer würzen und den Wein angießen. Bei starker Hitze einkochen lassen, bis der Wein verdunstet ist. Den Reis zugeben und 2–3 Minuten unter Rühren erhitzen. Nach und nach die Brühe zugeben und den Reis in 20–25 Minuten garen. Den Topf vom Herd nehmen, die restliche Butter und den Parmesan untermischen und sofort servieren.

Polenta

1½ l Wasser
1 EL Salz
400 g grobes Maismehl

In einer Kasserolle das Wasser mit Salz zum Kochen bringen. Das Maismehl unter ständigem Rühren hineinschütten, ca. 1 Stunde ausquellen lassen, dabei rühren, rühren, rühren . . . Wird die Polenta als Beilage zu anderen Speisen gereicht, kann man sie mit etwas Milch weniger trocken halten. In diesem Fall wird sie sehr heiß serviert. Man kann sie aber auch weiter verarbeiten. Den Brei auf eine gebutterte Marmor- oder Porzellanplatte streichen, abkühlen lassen, runde Plätzchen ausstechen oder in rautenförmige Stücke schneiden. Im Backofen rösten oder in heißem Öl ausbacken.

Polenta-Auflauf

Polenta pasticciata

1 Rezept Polenta (links)
25 g getrocknete Pilze
50 g Butter
2 EL Öl
½ kleingehackte Zwiebel
½ kleingehackte Sellerieknolle
1 kleingehackte gelbe Rübe
200 g Rinderhackfleisch
200 g Bratwürstchen
Salz und Pfeffer
Rotwein
1 EL Tomatenmark
1 Lorbeerblatt
Wacholderbeeren
Mehl
50 g geriebener Parmesan

Die Polenta zubereiten, erkalten lassen und in ½ cm dicke Stücke schneiden. Die Pilze in kaltem Wasser einweichen. In der Butter und dem Öl Zwiebeln, Sellerie und gelbe Rübe andünsten, das Hackfleisch hinzufügen und rösten. Gehäutete, kleingehackte Würstchen und die kleingehackten Pilze dazugeben, salzen, pfeffern und mit etwas Rotwein begießen. Wenn alles etwas eingekocht ist, Tomatenmark, verrührt mit etwas Wasser oder Brühe, unterrühren, das Lorbeerblatt und einige Wa-

cholderbeeren dazugeben und bei kleiner Hitze gar kochen. Das Ragout mit etwas Mehl binden, Lorbeerblatt und Wacholderbeeren entfernen.
In eine gebutterte, feuerfeste Form abwechselnd Polentabrei und Ragout schichten, dazwischen geriebenen Parmesan streuen. Über die abschließende Polentaschicht noch etwas Ragout streichen, mit Käse bestreuen, Butterflöckchen darauf setzen und im Ofen bei 200 °C gratinieren.

Käsegnocchi
Gnocchetti di ricotta

350 g Ricotta-Käse
150 g Mehl
150 g geriebener Parmesan
2 Eier
2 Eigelb
1 Prise geriebene Muskatnuß
Salz
100 g Butter

Den Ricotta mit Mehl, der Hälfte Parmesan, Eiern und Eigelb sowie Muskat und Salz in eine Schüssel geben, zu einem weichen Teig verarbeiten und gut durchkneten. Den Teig mit bemehlten Händen zu 2 länglichen Rollen formen, in etwa 2 cm dicke Stücke schneiden und 30 Minuten ruhen lassen. Die Gnocchi 3 Minuten in kochendes, ungesalzenes Wasser geben, mit einem Schaumlöffel herausheben und in eine vorgewärmte Schüssel füllen. Mit der zerlassenen Butter begießen und dem restlichen Parmesan bestreuen und sofort servieren.

Römische Grießgnocchi
Gnocchi di semolino alla romana

1 l Milch
250 g Grieß
120 g Butter
Salz und Pfeffer
1 Prise geriebene Muskatnuß
120 g Parmesan
3 Eigelb
2 EL Milch

Die Milch zum Kochen bringen, den Grieß unterrühren, 50 g Butter hinzufügen, salzen, pfeffern und mit Muskatnuß würzen. Zu einem dicken, steifen Brei ausquellen lassen. Vom Herd nehmen, 30 g geriebenen Parmesan und die mit der Milch verquirlten Eier dazurühren. Auf ein gebuttertes Brett oder eine Marmorplatte streichen (ca. 1 cm dick) und erkalten lassen. Mit einem Glas Plätzchen im Durchmesser von ca. 4 cm ausstechen, nebeneinander in eine ausgebutterte, feuerfeste Form legen, Butterflöckchen darauf verteilen und im Ofen bei 180 °C goldbraun überbacken.

Kartoffelgnocchi mit Tomatensauce

Gnocchi di patate al pomodoro

Gnocchi

1 kg mehlig kochende Kartoffeln
Salz
1 Prise geriebene Muskatnuß
1 Ei
300 g Weizenmehl
150 g geriebener Parmesan

Tomatensauce

1 kleine Zwiebel
1 Knoblauchzehe
2 EL Olivenöl
50 g Butter
500 g enthäutete, entkernte und in Stücke geschnittene Tomaten (oder 250 g geschälte Tomaten aus der Dose)
Basilikumblätter
Salz

Die Kartoffeln waschen, kochen, schälen, durch eine Presse drücken. Auf einem Backbrett mit je 1 guten Prise Salz und Muskat vermengen, in die Mitte eine Mulde drücken, das Ei hineinschlagen, etwas Mehl hineingeben und verkneten. Nach und nach so viel Mehl zufügen, daß ein weicher Teig entsteht, der nicht mehr an den Fingern klebt. Ein Stück Teig abtrennen, auf dem mehlbestäubten Backbrett zu einer langen Schnur rollen, in etwa 2 cm lange Stückchen schneiden. Den ganzen Teig auf diese Weise verarbeiten. Von Zeit zu Zeit das Backbrett und die Hände einmehlen. Die Gnocchi mit dem Daumen einzeln gegen ein Reibeisen drücken oder über die Zinken einer Gabel bzw. ein spezielles, kleines Holzpaddel rollen.
Während die Kartoffeln kochen, die Tomatensauce zubereiten. Die Zwiebel hacken und mit der Knoblauchzehe in Öl und Butter andünsten. Die Tomaten durch ein Sieb passieren, mit den Basilikumblättern dazugeben, salzen und so lange im offenen Topf bei niedriger Hitze kochen, bis eine konzentrierte Sauce daraus geworden ist.
Die Gnocchi in 2 oder 3 Partien in wallendes Salzwasser geben, mit der Schaumkelle herausnehmen, sobald sie an die Oberfläche steigen. Schichtweise mit der Sauce und dem geriebenen Parmesan anrichten (vorher Knoblauch und Basilikum herausnehmen).

SUPPEN

Minestre

Mailänder Gemüsesuppe

Minestrone alla milanese

100 g magerer Bauchspeck (Wammerl)
1 Bund Petersilie
1 Zweiglein Rosmarin
2 Lorbeerblätter
½ Zwiebel
1 Stange Lauch
80 g Butter
150 g enthäutete, entkernte und in Stücke geschnittene Tomaten
Pfeffer und Salz
100 g Spargel
3 gelbe Rüben
2 Kartoffeln
2 Zucchini
150 g frisch enthülste Bohnenkerne
1 Stange Sellerie
1 ½ l Fleischbrühe
200 g Reis
1 Sträußchen Basilikum
1 Knoblauchzehe
80 g geriebener Parmesan

Den Speck in Scheiben schneiden und in einer Kasserolle in der Hälfte der Butter mit etwas Petersilie, dem Rosmarin, 1 Lorbeerblatt, den Zwiebelscheiben und den Lauchringen schmoren lassen. Petersilie und Rosmarin herausnehmen, die Tomaten hinzufügen, pfeffern und salzen. Den in Stücke geschnittenen Spargel, die in Scheiben geschnittenen gelben Rüben, Kartoffel- und Zucchinischeiben dazugeben, ebenso die Bohnen und den in Ringe geschnittenen Sellerie. Alles mit der restlichen Butter noch einige Minuten durchdünsten lassen. Mit Brühe aufgießen und so lange kochen lassen, bis die Bohnen fast weich sind. Den Reis hinzufügen und weich kochen. Einige Minuten vor Ende der Garzeit mit etwas feingehacktem Basilikum, dem zweiten Lorbeerblatt, Knoblauch und der restlichen Petersilie würzen. Vom Herd nehmen, noch etwas ziehen lassen, Knoblauchzehe und Lorbeerblatt herausnehmen. Den Parmesan extra reichen.

Nudelsuppe auf ligurische Art

Minestra con battuto alla ligure

80 g Schinkenspeck
3 Knoblauchzehen (nach Belieben)
Öl
100 g enthäutete, entkernte und in Stücke geschnittene Tomaten
Salz
200 g schmale Bandnudeln (Trenette oder Linguine)
gehacktes Basilikum
80 g Reibkäse

Den Schinkenspeck kleinwürfelig schneiden, die Knoblauchzehen hakken und beides in einer Kasserolle mit 2 EL Öl goldgelb andünsten. Die Tomaten dazugeben, mit ca. 1½ l Wasser aufgießen, leicht salzen. In kochendes Salzwasser die in kleine Stücke gebrochenen Teigwaren geben und nicht zu weich kochen. Vor dem Auftragen reichlich Basilikum und einen Teil des Reibkäses untermischen, den restlichen Käse extra reichen.

Römische Fetzensuppe
Stracciatella alla romana

3 Eier
3 EL feinster Weizengrieß
60 g geriebener Parmesan
1 TL feingehackte Petersilie
1 Prise geriebene Muskatnuß
Salz
1 ¾ l kalte Fleischbrühe

In einer Schüssel Eier, Grieß, 30 g Käse, Petersilie, Muskat und Salz gut vermischen, knapp $\frac{1}{10}$ l Fleischbrühe dazugeben und gut verrühren. Die restliche Brühe aufkochen, den Teig auf einmal dazugeben, auf kleine Hitze schalten. Die Teigmasse mit einem elektrischen Handrührgerät oder Schneebesen zu kleinen Flöckchen verrühren, dabei die Suppe noch 3–4 Minuten weiterkochen lassen. Den restlichen Parmesan extra reichen.

HINWEIS

Für diese römische Spezialität am besten Nockerlgrieß verwenden. Die Suppe muß schön sämig, die Teigflöckchen – die Fetzen – müssen sehr zart sein.

Fischersuppe von der Oberen Adria
Brodetto del pescatore dell'Alto Adriatico

800 g verschiedene Seefische
200 g Tintenfische
$\frac{1}{10}$ l Öl
1 Knoblauchzehe
1 Stück Sellerie
1 Stange Lauch
2 EL Essig
Salz und Pfeffer
1 kleine Zwiebel
1 Lorbeerblatt
1 Stückchen Zimtstange
1 Handvoll gehackte Petersilie
16 Scheiben geröstetes Weißbrot

Die Seefische putzen (Abfälle aufheben), waschen und in Scheiben schneiden. Die Hälfte des Öls in einem großen Topf auf den Herd geben, geriebenen Knoblauch, kleingehackten Sellerie und Lauch dazugeben, andünsten lassen und die Fischabfälle sowie die Tintenfischringe hinzufügen. Mit Essig ablöschen, salzen, pfeffern und 40 Minuten kochen lassen. Den Tintenfisch herausnehmen, beiseite stellen, den Fond durchseihen und warmstellen.
Das restliche Öl in einer Kasserolle erhitzen, die kleingehackte Zwiebel darin andünsten, die Seefische dazugeben, salzen, pfeffern, Lorbeerblatt und Zimt zugeben und mit Petersilie bestreuen. Wenn die Fische angedünstet sind, die Tintenfischringe zufügen und mit dem Fischfond aufgießen. Bei kleiner Hitze fertig kochen und auf gerösteten Weißbrotscheiben anrichten.

Ligurische Burrida
Burrida
alla ligure

800 g Stockfisch
20 g getrocknete Pilze
1 Zwiebel
1 Knoblauchzehe
1 gelbe Rübe
1 Stückchen Sellerie
1 Bund Petersilie
40 g Pinienkerne
6 Sardellenfilets
Weißwein
Mehl
500 g enthäutete, entkernte und in Stücke geschnittene Tomaten
Salz und Pfeffer
geröstete Weißbrotscheiben

Den Stockfisch vorbereiten (Seite 76, Stockfisch auf Livorneser Art).
Die Pilze in lauwarmem Wasser einweichen. Zwiebel, Knoblauch, gelbe Rübe und Sellerie sowie ein paar Zweiglein Petersilie fein hacken. In einem Tontopf mit den Pilzen andünsten. Die Stockfischstückchen hinzufügen, nach ein paar Minuten die im Mörser zerstampften Pinienkerne und die Sardellenfilets (Ersatzweise 1 EL Sardellenpaste) zugeben. Mit Wein auffüllen, gut umrühren und etwas einkochen lassen. Mit ½ EL Mehl bestäuben, umrühren, die Tomaten durch ein Sieb passieren und dazugeben, salzen und pfeffern. Während des Kochens etwas Wasser hinzufügen, die fertige Burrida abschmecken, mit viel gehackter Petersilie bestreuen und mit gerösteten Weißbrotscheiben servieren.

Spätzlesuppe aus der Emilia Romagna
Foto

Minestra di passatelli
alla romagnola

120 g geriebener Parmesan
120 g altbackenes, geriebenes Weißbrot
3 Eier
Schale einer halben, unbehandelten Zitrone
40 g Rindermark
1 Prise geriebene Muskatnuß
Salz
1 ½ l Fleischbrühe

In einer Schüssel den Käse, das Brot, Eier, abgeriebene Zitronenschale und Rindermark mit einer Gabel mischen, mit Salz und Muskat würzen und zu einem nudelähnlichen Teig verarbeiten. Durch ein Spätzlesieb oder den Fleischwolf treiben und die Spätzle in die kochende Brühe geben. Sobald sie an die Oberfläche kommen, sind sie gar, und die Suppe kann serviert werden.

Brühe mit Eiern und Röstbrot

Zuppa pavese

1 l Fleischbrühe
8 Scheiben Kastenweißbrot
60 g Butter, 8 Eier
30 g geriebener Parmesan

Die Brühe erhitzen. Die Brotscheiben diagonal durchschneiden und in der Butter goldgelb anrösten. Auf jeden Teller 2 Brotdreiecke legen, 2 Eier darüberschlagen, ohne die Dotter zu verletzen, mit Käse bestreuen, und mit kochender Brühe auffüllen.

Tomatensuppe mit Croûtons

Pappa col pomodoro

4 EL Olivenöl
1 Zwiebel
3 Knoblauchzehen
750 g Tomaten
1 l Hühnerbrühe
Salz und frisch gemahlener
schwarzer Pfeffer
250 g altbackenes Weißbrot ohne Rinde
einige Basilikumblätter

Die Hälfte des Öls in einem großen Topf erhitzen. Zwiebel und Knoblauch schälen, fein hacken und im heißen Fett glasig werden lassen. Die geschälten und in Würfel geschnittenen Tomaten zugeben und 5 Minuten dünsten, dann nach und nach die Brühe zugeben. Mit Salz und Pfeffer würzen, anschließend 30 Minuten köcheln lassen. Inzwischen das restliche Öl in einer Pfanne erhitzen, das Brot in kleine Würfel schneiden und im heißen Fett braun werden lassen. Die Suppe in eine Terrine füllen und die Croûtons sowie die gehackten Basilikumblätter hineingeben. Sofort servieren.

Kichererbsensuppe

Minestra di ceci

500 g Kichererbsen
50 g roher Schinken
½ Zwiebel
1 Knoblauchzehe
1 Bund Petersilie
Öl
150 g enthäutete, entkernte
und in Stücke geschnittene Tomaten
Salz
200 g Schweinerippchen
1 Kopf Endiviensalat, Pfeffer
Weißbrotscheiben
60 g geriebener Parmesan

Die Kichererbsen über Nacht in lauwarmem Wasser einweichen. Am nächsten Tag Schinken, Zwiebel, Knoblauch und Petersilie fein schneiden und in einen großen Topf, am besten einen Tontopf, geben. 2 EL Öl, die abgetropften Kichererbsen, Tomatenstücke und ca. 2 l Wasser hinzufügen, salzen und aufkochen lassen. Die in Stücke geschnittenen Rippchen dazugeben und bei mäßiger Hitze zugedeckt weich kochen lassen. Kurz vor Ende der Garzeit den in Streifen geschnittenen Endiviensalat zugeben, mit etwas Pfeffer würzen. Auf gerösteten Weißbrotscheiben anrichten und den Parmesan extra reichen.

Fischsuppe aus Trapani
Pesce alla trapanese

1 kg Seefische, Weichtiere und Muscheln (auch Tintenfische, Krabben, Langusten), Salz und Pfeffer
1 Bund Petersilie
2 kleine Zwiebeln
1 gelbe Rübe
1/10 l Öl, 1 Bund Suppengrün
1 Knoblauchzehe
300 g enthäutete, entkernte und in Stücke geschnittene Tomaten

Die Fische putzen, Köpfe, Schwänze, Flossen, Gräten und Eingeweide entfernen, waschen, in nicht zu kleine Stücke schneiden. Die Tintenfische vorbereiten und in Ringe schneiden, die Krabben schälen, die Muscheln sorgfältig bürsten und waschen. Die Fischabfälle zusammen mit Salz, Pfeffer, ein paar Zweiglein feingehackter Petersilie, 1 halbierten Zwiebel, der gelben Rübe und 1 ½ l kaltem Wasser aufsetzen und zu einem Fischsud auskochen (ca. 1 l Flüssigkeit).
In einer Kasserolle im Öl die zweite Zwiebel, fein gehackt, und das Suppengrün Farbe annehmen lassen. Die feingeriebene Knoblauchzehe und gehackte Petersilie hinzufügen, dann die Fische mit hartem Fleisch und die Krabben oder Langusten etc.. Gut mischen, die Tomaten und den durchgeseihten Fischsud dazugeben. Während des Kochens das Suppengrün herausnehmen und nach und nach die übrigen Fische und die Muscheln (kleinere in der Schale lassen) zur Suppe geben. Bei kleiner Hitze fertig garen, abschmecken und mit gehackter Petersilie bestreuen.

Muschelsuppe
Zuppa di cozze

1,5 kg Muscheln
gut 3/8 l Weißwein
1 knapper EL feingehackte Zwiebel, vermischt mit etwas Petersilie
ca. 1 l Fleischbrühe
30 g Mehl
60 g Butter
2–3 Lorbeerblätter
einige Selleriestückchen
etwas Milch und Butter
Salz

Die sehr gut geputzten und gewaschenen Muscheln zusammen mit dem Wein, Zwiebel und Petersilie in eine Kasserolle geben und so lange leise kochen lassen, bis sich alle Muscheln geöffnet haben. Dann die Muscheln herausnehmen, das Fleisch auslösen und beiseite stellen. Die Fleischbrühe zu dem durchgeseihten Muschelsud geben. In einer anderen Kasserolle aus Mehl und Butter eine helle Mehlschwitze bereiten, mit der Flüssigkeit auffüllen, Lorbeerblätter und Sellerie dazugeben, etwa 20 Minuten kochen lassen. Noch einmal durch ein Sieb geben, mit etwas heißer Milch auffüllen, die Muscheln dazugeben, kurz ziehen lassen, abschmecken. Etwas Butter hinzufügen und, mit Petersilie bestreut, servieren.

PIZZA

Pizze

Pizza mit Ricotta
Pizza di ricotta

Teig
400 g Mehl
170 g Butter
Salz
2 Eier

Füllung
600 g Ricotta-Käse
4 Eier
100 g geriebener Parmesan
Salz und Pfeffer
100 g Pilze (Champignons, Pfifferlinge)
30 g Butter
100 g gekochter Schinken

Mehl, Butter, Salz Eier und evtl. etwas Wasser zu einem festen Teig verarbeiten. Gründlich durchkneten und eine gebutterte Springform damit ganz auskleiden.
Den Ricotta mit den 4 Eidottern, dem Parmesan, etwas Pfeffer und Salz vermischen. Die in kleine Stücke geschnittenen Pilze in Butter mit ganz wenig Salz weich dünsten, Schinkenwürfel dazugeben und etwas ausgekühlt unter die Quark-Käse-Mischung rühren. Das Eiweiß steif schlagen und unterziehen. In die Form füllen, im Ofen bei 200 °C zunächst bei Mittel-, zum Schluß bei Oberhitze 35–40 Minuten backen.

Neapolitanische Pizza
Pizza napoletana

Pizzagrundteig
500 g Mehl
30 g Bierhefe
Salz

Belag
500 g in dicke Scheiben geschnittene oder enthäutete, entkernte und in Stücke geschnittene Tomaten
400 g in Scheiben geschnittener Mozzarella-Käse
1 Dose Ölsardinen oder 4 frische, gesalzene Sardellenfilets
Origano
Olivenöl

Das Mehl auf ein Backbrett sieben, in die Mitte eine Vertiefung machen, Hefe und Salz hineingeben. So viel Wasser dazugeben, daß Mehl und Hefe (evtl. auch etwas Öl) zu einem leichten, geschmeidigen Teig verarbeitet werden können. Immer wieder durchkneten. Den Teig zu einer Kugel rollen, in die Oberfläche kreuzweise 2 Einschnitte machen, um das Aufgehen zu erleichtern, in eine mit Mehl ausgestreute Schüssel geben und, mit einem Tuch bedeckt, an einem warmen Ort bis zu 3 Stunden gehen lassen (er muß das Doppelte seines ursprünglichen Umfanges erreichen).
Ein Backblech gut einölen und den Teig ganz oder zu einzelnen Pizzen mit einem Durchmesser von 20–30 cm mit den Händen auseinanderziehen. Mit Tomaten belegen, darauf den Mozzarella und darüber

die Sardellenfilets geben. Mit Origano bestreuen und mit Öl beträufeln. Bei 200 °C im Ofen backen und heiß servieren.

HINWEIS

Italienische Pizzabäcker werfen den Pizzateig während des Knetens immer wieder in die Höhe und fangen ihn mit dem Backbrett auf. Das soll ihn besonders elastisch machen.

Pizza mit Oliven

Pizza alle olive

500 g Pizzagrundteig (Seite 64)
Olivenöl
4 Zwiebeln
1 EL Tomatenmark
Milch
Salz und Pfeffer
50 g durchwachsener Speck
10 schwarze Oliven

Den Pizzateig 1 cm dick auf einem eingeölten Backblech ausrollen und etwas Olivenöl darüberträufeln. Die Zwiebeln in Scheiben schneiden und in Öl anbraten, das Tomatenmark und etwas Milch dazugeben. Mit Salz und Pfeffer abschmecken und einige Minuten kochen lassen. Auf dem Teig verteilen, den Speck fein schneiden und ebenfalls darübergeben, zuletzt die entsteinten, in Scheibchen geschnittenen Oliven auflegen. Bei 200 °C ca. 30 Minuten backen.

Pizza vier Jahreszeiten

Pizza quattro stagioni

500 g Miesmuscheln
200 g Steinpilze (oder Champignons)
Olivenöl
Salz und Pfeffer
500 g Pizzagrundteig (Seite 64)
100 g gekochter Schinken in dicken Würfeln
300 g gehäutete, entkernte und in Stücke geschnittene Tomaten
150 g gewürfelter Mozzarella-Käse

Die gründlich gesäuberten Muscheln in einer Pfanne erhitzen, bis sie sich öffnen, aus den Schalen holen. Die Pilze säubern, in Scheibchen schneiden und mit etwas Öl, Salz und Pfeffer garen. Den Pizzateig auf einem eingeölten Backblech mit den Händen auseinanderziehen, mit einem leichten Schnitt in 4 Viertel unterteilen und je eines mit den Pilzen, dem Schinken, der Hälfte der Tomaten, gemischt mit dem Mozzarella, und den restlichen Tomaten belegen. Etwas Öl darübergießen, salzen, pfeffern und 30 Minuten bei 200 °C im Ofen backen. Kurz vor Ende der Backzeit die Muscheln auf das Tomatenviertel geben.

Pizza Margherita

Foto

Pizza margherita

Olivenöl
500 g Pizzagrundteig (Seite 64)
300 g enthäutete, entkernte und in Stücke geschnittene Tomaten
300 g gewürfelter Mozzarella-Käse
Salz
Origano

Ein Backblech einölen, den Pizzateig auflegen und auseinanderziehen. Mit den in Streifen geschnittenen Tomaten und der Hälfte vom Mozzarella belegen. Etwas Salz und 1 gute Messerspitze Origano darüberstreuen, mit Öl beträufeln und im Ofen 25–30 Minuten bei 200 °C backen. Kurz vor Ende der Backzeit den restlichen Mozzarella hinzufügen.

Gartenpizza
Foto

Pizza giardinetto

Öl
500 g Pizzagrundteig (Seite 64)
300 g enthäutete, entkernte und in Stücke geschnittene Tomaten
400 g Mozzarella-Käse
10 schwarze Oliven
10 Artischocken in Öl
1 EL Essigkapern
in Öl eingelegte Pilze
Origano

Ein großes Backblech oder mehrere Portionsformen einölen. Den Pizzateig darauf mit den Händen auseinanderziehen, mit den Tomaten und der Hälfte des in dünne Scheiben geschnittenen Mozzarella bedecken, die Oliven, Artischocken, Kapern, Pilze und evtl. Sardellenfilets darauf verteilen. Mit etwas Öl beträufeln, Origano darüberstreuen und im Ofen 30 Minuten bei 200 °C backen. Kurz vor Ende der Backzeit den restlichen Mozzarella hinzufügen.

Pizza mit Meeresfrüchten

Pizza marinara

1 kg Mies- und Venusmuscheln
300 g kleine Tintenfische (Pfeilkalmare)
300 g Garnelen oder Krabbenschwänze
1 Zwiebel
3 Lorbeerblätter
Olivenöl
250 g geschälte Tomaten aus der Dose
3 TL frische Kräuter (Petersilie, Thymian, Majoran)
Salz und Pfeffer
500 g Pizzagrundteig (Seite 64)

Die Muscheln gut mit der Bürste reinigen und unter fließendem Wasser abwaschen. In einer Pfanne erhitzen, bis sie sich öffnen, das Fleisch aus der Schale holen. Die angefallene Flüssigkeit aufheben. Die Tintenfische und Garnelen oder Krabben mit der Zwiebel und den Lorbeerblättern kochen. Alle Meeresfrüchte mit etwas Öl würzen.

Die Tomaten mit dem Muschelwasser aufkochen, etwas eindicken lassen und mit den Kräutern, Salz und Pfeffer abschmecken. Den Pizzateig in einer eingeölten Form ausrollen, mit etwas Öl beträufeln und die Tomatensauce darauf verteilen. Im vorgeheizten Ofen bei ca. 200 °C goldgelb backen. Mit den Meeresfrüchen belegen und sofort servieren.

Endivienpizza

Pizza di indivia

4 Köpfe Endiviensalat
1 EL Sultaninen
4 gesalzene Sardinen
Olivenöl
1 EL Kapern
150 g schwarze Oliven
500 g Pizzagrundteig (Seite 64)
1 EL Pinienkerne

Den Endiviensalat kurz in Salzwasser abbrühen, abtropfen lassen und ausdrücken. Die Sultaninen in Wasser einweichen, die Sardinen entgräten, das Salz abstreifen und in kleine Stückchen schneiden. In einer Pfanne einige EL Öl erhitzen, den in Streifen geschnittenen Endiviensalat und nacheinander Sardinen, Kapern und die entsteinten, gehackten Oliven dazugeben.

Den Teig ausrollen, eine geölte Form von 26 cm Durchmesser damit auslegen und etwas Öl darüberträufeln. Die Endivienfüllung darauf verteilen und mit den Sultainen und Pinienkernen bestreuen. Noch etwas Öl darüberspritzen, kurz gehen lassen, bei 200 °C 20 Minuten backen.

Kleine Lachspizzen
Pizzette al salmone

500 g Pizzagrundteig (Seite 64)
Olivenöl
300 g enthäutete, entkernte und in Stücke geschnittene Tomaten
300 g Mozzarella-Käse
Origano
6 Scheiben Räucherlachs

Den Pizzateig in 4 Teile teilen. Von jedem Teil etwas Teig abnehmen, um insgesamt 12 Stäbchen daraus zu formen. Aus den 4 Portionen Pizzen von 15 cm Durchmesser formen, etwas Öl und Tomaten daraufgeben, und auf jede Pizza sternförmig 3 Stäbchen legen, daß eine Dreiteilung entsteht. Auf je 2 Drittel 1 Scheibe Mozzarella, etwas Tomate, Origano und Öl geben, 1 Dreieck jeweils frei lassen. Die Pizzen bei 200 °C ca. 30 Minuten backen. Kurz vor Ende der Backzeit je 1 Stück Räucherlachs auf die freien Dreiecke legen. Noch 1 Minute in den Ofen schieben und vor dem Servieren pfeffern.

Kleine Sardellenpizzen
Pizzette di sardine

500 g Sardinen (oder Sardellen)
1 Bund Petersilie
2 gehackte Knoblauchzehen
Olivenöl
Salz und Pfeffer
500 g Mehl
20 g Bierhefe
50 g Schmalz
1 Sträußchen Basilikum

Die Sardinen entgräten, den Kopf entfernen, abwaschen und gut abtropfen lassen. Auf einem Teller auslegen, feingewiegte Petersilie, Knoblauch, Öl, Salz und Pfeffer darübergeben und ziehen lassen. In der Zwischenzeit das Mehl mit der in lauwarmem Wasser aufgelösten Hefe, Schmalz und Salz verkneten, bis ein elastischer Teig entsteht (evtl. noch etwas warmes Wasser zugeben). An einem warmen Ort zugedeckt gehen lassen. Anschließend in kleine Portionen teilen, tellerartig flach ziehen, die Ränder nach oben biegen und die Sardinen darauf verteilen. Salzen, pfeffern, mit gehacktem Basilikum bestreuen, Öl darüberträufeln und bei 220 °C ca. 30 Minuten backen.

FISCHE UND MEERESFRÜCHTE

Pesci e Crostacei

Merlan oder Schellfisch am Spieß auf sardische Art

Naselli alla brace alla sardegnola

2 Merlane oder 1 Schellfisch,
ca. 1 kg Gesamtgewicht
Lorbeerblätter
Salz und Pfeffer, Öl

Die Fische putzen, Köpfe, Schwänze und Flossen entfernen und in je 4 Stücke hacken. Auf Bratspieße stekken, zwischen die Fischstücke Lorbeerblätter spießen, mit Salz und Pfeffer bestreuen, einölen und über dem offenen Feuer auf dem Holzkohlengrill braten. Den Grillspieß immer wieder drehen und die Fischstücke mit etwas Öl beträufeln.

Gegrillter Fisch

Pesce alla griglia

1 Seefisch, ca. 1 kg, Salz
100 g Butter
1 Bund Petersilie
Saft von ½ Zitrone

Den Fisch putzen, ausnehmen, säubern und längs halbieren. Die beiden Teile salzen, mit etwas zerlassener Butter bestreichen und 20–30 Minuten grillen. Auf einer Platte zu einem ganzen Fisch zusammenlegen. Die Butter bei schwacher Hitze mit einem Kochlöffel cremig rühren, mit gehackter Petersilie und ein paar Tropfen Zitronensaft vermischen. In einer Sauciere zu dem mit Zitronenscheiben und Petersilie garnierten Fisch reichen.

Seezungenfilets mit Zucchini

Filetti di sogliola con zucchine

300 g Zucchini
Salz und Pfeffer
1 Zweiglein Rosmarin
Öl
80 g Butter
150 g enthäutete, entkernte
und in Stücke geschnittene
Tomaten
Mehl
8 Seezungenfilets
Semmelbrösel
Basilikumblätter
Saft von 1 Zitrone

Die Zucchini waschen, ungeschält in Scheiben schneiden, salzen, pfeffern und mit dem feingehackten Rosmarin in etwas Öl, eventuell unter Zugabe von 1–2 EL Wasser, nicht zu weich dünsten. Kurz bevor sie gar sind, die in 20 g Butter angedünsteten Tomaten hinzufügen. Die in Mehl gewendeten Fischfilets in 30 g Butter goldbraun anbraten. In eine feuerfeste, gebutterte Form legen, mit Salz und Pfeffer bestreuen, darüber die Zucchini schichten, mit Semmelbröseln bestreuen und Butterflöckchen darauf verteilen. Bei 180 °C im Ofen überbacken. Mit etwas kleingehacktem Basilikum überstreuen, mit Zitronensaft beträufeln.

Florentiner Aalgericht

Anguille alla fiorentina

1 kg mittelgroße Aale
Salz und Pfeffer
Mehl
Öl
1–2 kleingeschnittene Knoblauchzehen
1 Zweiglein Salbei
1/10 l kräftiger Rotwein
2 Zitronen

Die Aale vorbereiten: Junge Aale können mit der Haut zubereitet, müssen aber innen und außen gründlich mit Salz abgerieben werden. Bei älteren Aalen die Haut unterhalb der Kiemen rundum einschneiden. Den Kopf festhalten, die Haut am Rand umkrempeln und behutsam herunterziehen.

In 6 cm lange Stücke teilen, salzen, pfeffern, in Mehl wenden. In eine Bratpfanne etwas Öl geben, die Fischstücke mit Knoblauch und Salbeiblättern belegen, noch etwas Öl dazugeben und bei kräftiger Hitze anbraten. Nach ein paar Minuten in den auf 180 °C vorgeheizten Ofen geben und während des Schmorens nach und nach löffelweise den Wein hinzufügen. Die Fischstücke auf einer vorgewärmten Platte anrichten, die durchgesiebte Sauce darübergießen, mit Zitronenscheiben garnieren.

Aal und Erbsen auf lombardische Art

Anguille e piselli alla lombarda

800 g Aale
1/10 l Öl
2 Knoblauchzehen
2–3 Wacholderbeeren
1/10 l trockener Weißwein
350 g enthäutete, entkernte und durch ein Sieb passierte Tomaten (oder 2 Döschen Tomatenmark)
Salz und Pfeffer
500 g frische Erbsen
Petersilie

Die Aale vorbereiten (links, Florentiner Aalgericht) und in 5–6 cm lange Stücke schneiden. In der Hälfte des Öls 1 geriebene Knoblauchzehe und die Wacholderbeeren andünsten, die Aalstücke auf beiden Seiten anbraten, mit dem Wein ablöschen. Tomatenpüree oder -mark und etwas Wasser zufügen, salzen, pfeffern und bei mittlerer Hitze weiterkochen lassen.

In einem Topf die enthülsten und gewaschenen Erbsen mit der zweiten geriebenen Knoblauchzehe, dem restlichen Öl, Salz und etwas Wasser weich dünsten. Kurz vor Ende der Garzeit gehackte Petersilie darüberstreuen. Den weichgekochten Aal und die Erbsen vermischen, noch einige Minuten bei kleiner Hitze ziehen lassen und servieren.

Toskanischer Fischtopf

Foto

Cacciucco
alla Toscana

1,5 kg verschiedene Seefische, auch Krebse
Öl
1 kleingehackte Zwiebel
1 kleingehackte Knoblauchzehe
1 Stück kleingehackte, scharfe Pfefferschote
1 Handvoll Petersilie
400 g enthäutete, entkernte und in Stücke geschnittene Tomaten
0,3 l trockener Weißwein
Salz
geröstete Weißbrotscheiben
1 Handvoll Muscheln (nach Belieben)

Die Fische putzen, entgräten, waschen und in Stücke schneiden. In einer Kasserolle Öl erhitzen, Zwiebeln, Knoblauch und Pfefferschote andünsten. Petersilie, durch ein Sieb passierte Tomaten und den mit ¾ l Wasser verdünnten Wein dazugeben. Salzen und bei schwacher Hitze 30 Minuten kochen lassen. Die Fische dazugeben (zuerst die mit hartem Fleisch) und bei stärkerer Hitze weitere 15 Minuten kochen lassen. Mit gerösteten Weißbrotscheiben anrichten.

Mit den gründlich gesäuberten und in einer Pfanne mit etwas Wasser bis zum Öffnen der Schalen erhitzten Muscheln garnieren.

Muscheln auf Seemannsart

Foto

Cozze alla marinara

1,5 kg Miesmuscheln
Öl, 1 Zwiebel
1 Handvoll Petersilie
1 Stück scharfe Pfefferschote, Salz
1/10 l trockener Weißwein

Die Muscheln sehr gründlich unter fließendem Wasser abbürsten. In einem großen Tiegel im heißen Öl Zwiebel, Petersilie und Pfefferschote, alles fein gehackt, andünsten. Die Muscheln dazugeben und erhitzen, bis sich die Schalen ganz geöffnet haben, auf einer Platte anrichten, salzen. Den Wein in die Pfanne gießen, den Fond etwas einkochen lassen und über die Muscheln gießen.

Sardellenkoteletts

Acciughe in cotoletta

800 g frische Sardellen
2 Eier
Salz
Semmelbrösel
150 g Butter

Die Sardellen putzen, die Köpfe abschneiden, am Bauch entlang aufschneiden, Rückengräte und Eingeweide entfernen und sorgfältig waschen. Die Eier mit etwas Salz verquirlen, die Sardellenfilets darin wenden, mit Semmelbröseln panieren und in rauchend heißer Butter bei mäßiger Hitze auf beiden Seiten goldbraun backen. Salzen, mit Pommes frites und Zitronenscheiben servieren.

Stockfisch auf Livorneser Art
Baccalà alla livornese

800 g Stockfisch
Öl
Mehl
30 g gehackte Zwiebeln
getrockneter Thymian
1 kleingewiegtes Lorbeerblatt
400 g enthäutete, entkernte und durch ein Sieb passierte Tomaten
je 1 Messerspitze Knoblauchpulver, Pfeffer und Salz
1 Bund Petersilie

Den Stockfisch vorbereiten: etwa 18 Stunden einweichen, damit das Salz auswässert, enthäuten, entgräten, waschen und in Stücke schneiden. Mit einem Küchentuch abtrocknen, evtl. noch vorhandene Gräten entfernen.
Öl in einer Pfanne erhitzen, die in Mehl gewendeten Fischstücke hineingeben und 6–8 Minuten darin dünsten. Auf einer Platte anrichten und warm stellen. In einer Kasserolle Öl erhitzen, die Zwiebeln darin Farbe annehmen lassen, Thymian und Lorbeerblatt dazugeben, das Tomatenmark unterrühren. Mit Knoblauchpulver, Pfeffer und etwas Salz würzen und bei mäßiger Hitze 15 Minuten durchkochen lassen. Die Sauce über die Fischstücke gießen, mit gehackter Petersilie anrichten.

Stockfisch siziliansich
Stoccafisso alla siciliana

800 g Stockfisch
1 kleine, feingehackte Zwiebel
1 feingehackte Knoblauchzehe
gut ⅛ l Öl
1/10 l trockener Weißwein
600 g enthäutete, entkernte und in Stücke geschnittene Tomaten
Salz und Pfeffer
3 Kartoffeln
200 g schwarze Oliven
20 g Kapern
15 g vorgequollene Sultaninen
10 g Pinienkerne

Den Stockfisch vorbereiten (links, Stockfisch auf Livorneser Art). Zwiebeln und Knoblauch im Öl Farbe annehmen lassen, die Fischstücke dazugeben und kurz andünsten. Mit Wein aufgießen und einkochen lassen. Die Tomaten dazugeben, mit so viel Wasser auffüllen, daß die Fische bedeckt sind, salzen und pfeffern. Im Ofen zugedeckt 1 knappe Stunde schmoren. Nach und nach die geschälten, in Stücke geschnittenen Kartoffeln, entsteinten Oliven, Kapern und Sultaninen dazugeben. Wenn die Kartoffeln gar sind, rasch servieren.

Tintenfische nach der Art von Apulien
Calamaretti
alla pugliese

800 g kleine Tintenfische
Öl
2 Knoblauchzehen
400 g enthäutete, entkernte und in Stücke geschnittene Tomaten
Salz und Pfeffer
Petersilie

Die Tintenfische vorbereiten: die Beutel mit der schwarzen Flüssigkeit, der Tinte, entfernen, ebenso Maul, Augen und den inneren Knorpel. Häuten, waschen und die Tentakel (Fangarme) aufheben, sie können fritiert werden.
In einer Bratpfanne $\frac{1}{10}$ l Öl mit dem kleingehackten Knoblauch erhitzen, die Tomaten zufügen, salzen, pfeffern und 10 Minuten kochen. Die Tintenfischrümpfe in etwas Öl anbraten und zu der Sauce geben, weich kochen. Mit gehackter Petersilie anrichten.

HINWEIS

Tintenfisch kann ausgezeichnet schmecken; wichtig ist allerdings, daß man junge Fische erhält. Älterer Tintenfisch ist ausgesprochen zäh.

Tintenfische im Tiegel auf neapolitanische Art
Calamari in umido
alla napoletana

800 g kleine Tintenfische
Öl
1 feingehackte Zwiebel
Petersilie
$\frac{1}{10}$ l Weißwein
30 g Kapern
100 g entsteinte grüne Oliven
700 g Tomaten
Salz und Pfeffer

Die Tintenfische vorbereiten (links, Tintenfische nach der Art von Apulien). Die gelbliche Substanz, die sich unter dem Kopf befindet, sorgfältig aufheben. In einem Schmortiegel in $\frac{1}{10}$ l Öl Zwiebeln und Petersilie erhitzen, mit dem Wein ablöschen. Wenn die Flüssigkeit eingekocht ist, Kapern, Tintenfische, Oliven und durch ein Sieb passierte Tomaten dazugeben, salzen, pfeffern, mit soviel lauwarmem Wasser aufgießen, daß alles bedeckt ist, und etwa 1 knappe Stunde kochen. Ein paar Minuten vor Ende der Garzeit die gelbe Substanz hinzufügen, gut durchmischen.

Gebackene Sardinen auf ligurische Art
Sarde fritte alla ligure

16 große Sardinen
15 g getrocknete Pilze
Salz
Öl
1 in Milch eingeweichtes, ausgedrücktes Brötchen
1 EL geriebener Parmesan
1 geriebene Knoblauchzehe
Origano
Majoran
Mehl
3 Eier
Semmelbrösel
1 Zitrone

Die Sardinen putzen, Köpfe und Schwänze abschneiden, an der Bauchseite öffnen, Gräten und Eingeweide sorgfältig entfernen, waschen und trockenreiben. Die in lauwarmem Wasser eingeweichten Pilze fein hacken, salzen und in etwas Öl weich dünsten. In einer Schüssel mit dem Brötchen, Parmesan, Knoblauch, den feingehackten Kräutern, 2 Eiern und 1 Prise Salz gut mischen. In jede Sardine etwas Füllung geben, die Öffnung gut zusammendrücken, die Fische in Mehl, leicht gesalzenem und gepfeffertem Ei und Semmelbröseln wälzen und in rauchend heißem Öl goldbraun ausbacken. Mit Zitronensaft beträufeln und anrichten.

Scampi italienisch
Scampi all'italiana

1 Kopfsalat
1 kg Scampischwänze (auch tiefgekühlt)
⅛–¼ l Mayonnaise
80 g schwarze Oliven
100 g in Öl eingelegte Pilze
2 hartgekochte geschälte Eier

Den Salat putzen und waschen. Eine Platte mit den Blättern auslegen, die in Salzwasser gekochten, evtl. vorher aufgetauten Scampischwänze darauf anrichten, die Mayonnaise darübergeben. Mit den entsteinten Oliven, den abgetropften Pilzen und mit Eischeiben garnieren.

Krebse, am Spieß geröstet
Gamberi arrostiti alla spiedo

24 Krebse
2 Zitronen
Salz
Petersilie

Die Krebse waschen, abtropfen lassen und mit einem Leintuch sorgfältig abtrocknen. Je 6 Krebse auf einen Metallspieß aufziehen und – am besten auf dem Rost über Holzkohlenfeuer – grillen. Gelegentlich wenden. Auf einer Platte anrichten, salzen und mit Zitronenscheiben servieren.

FLEISCH

Carni

Italienisches Osterlamm
Agnello pasquale

Je 50 g fetter und magerer Schinken
Salz
1 Knoblauchzehe
1 Bund Petersilie
Majoran
1 kg Lamm (Keule ohne Knochen)
Pfeffer
50 g Butter
1/10 l trockener Weißwein

Beilage
400 g Kartoffeln
Butter, Salz

Den in kleine Stückchen oder Streifen geschnittenen Schinken in eine Schüssel geben und leicht salzen. Knoblauch, Petersilie und Majoran fein hacken, darüberstreuen und alles mischen. In das gewaschene und abgetrocknete Fleisch mit einem scharfen Messer einige tiefe Einschnitte machen. Das Schinken-Kräuter-Gemisch hineingeben, das Fleisch salzen, pfeffern und mit einem Bindfaden fest zusammenbinden. In einer Bratpfanne die Hälfte der Butter erhitzen, das Fleisch darin von allen Seiten anbraten. Die restliche Butter dazugeben, mit dem Wein begießen und das Fleisch gar schmoren. Zwischendurch immer wieder mit Bratensaft übergießen.
Die Kartoffeln schälen, in Keile schneiden und in Butter braten. Salzen und mit dem Fleisch auf einer vorgewärmten Platte anrichten. Den Bindfaden entfernen, rasch auftragen.

Kalbfleisch in Thunfischsauce
Vitello tonnato

1 kg Kalbskeule
Gurken und Karotten in
Essigmarinade (Mixed Pickles)
6 entsalzene Sardellenfilets
1 Karotte
1 Zwiebel
2 Stangen Bleichsellerie
½ unbehandelte Zitrone
0,5 l trockener Weißwein
0,1 l Olivenöl
Salz
200 g Thunfisch in Öl
250 g Mayonnaise
Kapern
3 Essiggurken

Das Kalbfleisch mit einigen Mixed Pickles und 4 Sardellenfilets spicken, mit einem Faden zusammenhalten und in einen feuerfesten Tontopf geben. Karotte, Zwiebel und Sellerie in Scheibchen schneiden und dazugeben. Die ½ Zitrone auspressen, die Schale abreiben, Saft und Schale, Wein, Öl und 2 Gläser kaltes Wasser zufügen. Salzen und bei schwacher Hitze ungefähr 1 Stunde garen. Das Fleisch herausnehmen, vom Faden befreien und beiseite stellen. Die Fleischbrühe durch ein feines Sieb passieren, in einen Topf gießen, das Fleisch wieder hineinlegen und völlig erkalten lassen. Herausnehmen und abtropfen lassen.
Die Brühe wieder zum Kochen bringen und im offenen Topf eindicken lassen. Den Thunfisch mit 2 Sardellenfilets in einem Mörser zerstoßen, mit etwas Brühe verdünnen, durch

ein feines Sieb passieren. Das Thunfischpüree mit der Mayonnaise verrühren, ein bißchen Brühe hinzufügen, falls die Sauce zu dickflüssig sein sollte. Das Fleisch in dünne Scheiben schneiden, auf einer Anrichteplatte mit der Sauce übergießen und mit Kapern und feingeschnittenen Essiggurken dekorieren.

Kalbsrouladen auf lombardische Art

Involtini alla lombarda

8 Scheiben Kalbsrücken, je ca. 60 g
Salz und Pfeffer
1 Bleichsellerieherz
½ Zwiebel
1 Knoblauchzehe
2 gelbe Rüben
8 Scheiben roher Schinken
50 g Bauchspeck, Öl
½ Lorbeerblatt
1 Gewürznelke
Mehl
⅒ l Weißwein
400 g enthäutete, entkernte und kleingehackte Tomaten
Fleischbrühe

Die Kalbsschnitzel leicht klopfen, salzen und pfeffern. Sellerieherz, Zwiebel, Knoblauch und gelbe Rüben fein hacken, den Bauchspeck klein schneiden. Auf jede Fleischscheibe 1 Scheibe Schinken und ein wenig Sellerie und gelbe Rübe legen. Aufrollen, mit einem Faden oder Spießchen zusammenhalten. In einer Bratpfanne einige EL Öl erhitzen, Speck, gelbe Rüben, Knoblauch, Zwiebeln und Sellerie dazugeben, bei schwacher Hitze andünsten. Lorbeerblatt, Gewürznelke und die leicht in Mehl gewendeten Rouladen hinzufügen. Anbraten, mit Wein aufgießen, Tomaten darübergeben, salzen, pfeffern und mit Brühe aufgießen. Etwa 1½ Stunden unter öfterem Wenden bei mäßiger Hitze schmoren.

Die Rouladen auf einer Platte anrichten, mit der Sauce, aus der vorher Lorbeerblatt und Gewürznelke entfernt wurden, übergießen. Dazu Risotto alla milanese (Seite 50) servieren.

Geschmorte Kalbsschnitzel

Arrostini di vitello annegati

4 Kalbsschnitzel
Salz und Pfeffer, Mehl
60 g Butter
gut ¼ l trockener Weißwein
Fleischbrühe
1 Knoblauchzehe
Salbeiblätter
Saft von ½ Zitrone

Die Kalbsschnitzel salzen, pfeffern und in Mehl wenden. 40 g Butter in der Bratpfanne erhitzen, die Schnitzel dazugeben, Farbe annehmen lassen, mit Wein aufgießen und die Temperatur drosseln. Die Flüssigkeit fast ganz einkochen lassen, nach und nach etwas Brühe zugießen. Einige Minuten vor Ende der Garzeit die Knoblauchzehe und Salbei, beides feingehackt, hinzufügen und die Sauce mit der restlichen Butter und Zitronensaft verfeinern. Auf einer Platte die Schnitzel anrichten, mit der Sauce übergießen und servieren.

Kalbsvögelchen auf römische Art

Foto

Saltimbocca alla romana

8 Scheiben Kalbsnuß
Salz und Pfeffer
8 Scheiben roher Schinken
8 Salbeiblätter, Mehl
70 g Butter
1/10 l trockener Weißwein

Die Fleischscheiben auf einem Brett ausbreiten, etwas ausstreifen, salzen, pfeffern und jeweils mit 1 Scheibe Schinken abdecken. Je 1 Salbeiblatt darauflegen, der Länge nach zusammenfalten und mit einem Spießchen oder Zahnstocher feststecken. Leicht mit Mehl bestäuben. In einer großen Bratpfanne 50 g Butter erhitzen, die Kalbsvögelchen von beiden Seiten anbraten und bei starker Hitze gar braten. Herausnehmen, den Bratfond

mit Wein ablöschen, einkochen lassen, mit der restlichen Butter vermischen und über die Kalbsvögelchen gießen.

HINWEIS

Die Römer essen dazu bevorzugt feines Gemüse der Saison, z.B. gedünstete oder gegrillte Artischocken.

Mailänder Kalbshaxen

Ossibuchi alla milanese

4 kleine Kalbshaxen
Mehl
80 g Butter
1 Knoblauchzehe
1 gelbe Rübe
1 kleine Zwiebel
1 Stück Sellerie
1 Bund Majoran
1 unbehandelte Zitrone
1/10 l trockener Weißwein
2 große, durch ein Sieb
passierte Tomaten
Fleischbrühe
Salz und Pfeffer

Die gewaschenen Kalbshaxen in Mehl wenden und in 50 g Butter anbraten. Knoblauch, gelbe Rübe, Zwiebel, Sellerie und Majoran klein hacken, mit einem Stück Zitronenschale dazugeben und andünsten. Mit Wein aufgießen, vollständig verdampfen lassen, die Tomaten und etwas Brühe hinzufügen. Zugedeckt weiterschmoren lassen, evtl. von Zeit zu Zeit Brühe nachgießen. Kurz vor Ende der Garzeit die restliche Butter zugeben.

Die Kalbshaxen mit dem Bratfond begießen, auf Risotta alla milanese (Seite 50) servieren.

Gedünstete Kalbsvögelchen auf ligurische Art

Vitello all'uccelletto alla ligure

600 g Kalbsnuß
Salz und Pfeffer
2 Lorbeerblätter
100 g Butter
Öl
1/10 l trockener Weißwein
8 Artischockenböden (oder anderes Gemüse der Saison)

Das Fleisch in feine Scheiben schneiden, salzen und pfeffern und mit den Lorbeerblättern in 50 g Butter und ein paar EL Öl braten. Auf einer Platte anrichten und warm halten. Den Wein an den Bratfond geben und einkochen lassen. Die Sauce über die Kalbsvögelchen gießen, mit dem kleingeschnittenen, in der restlichen Butter mit etwas Salz gedünsteten Gemüse garnieren.

Gefüllter Kalbsrücken nach der Art von Parma

Arrosto di vitello ripieno alla parmense

500 g Spinat
90 g Butter
Salz
2 Eier
2 EL geriebener Parmesan
Pfeffer
800 g Kalbsrücken (vom Jungkalb) im Stück
80 g Speck
3 EL Öl
1/10 l Weißwein

Für die Füllung den Spinat waschen und nicht zu weich kochen, klein hacken und mit 20 g Butter und etwas Salz nachdünsten. In einer Schüssel die Eier mit Parmesan, Salz und Pfeffer verquirlen. Die restliche Butter in einer großen Pfanne erhitzen, die Eier dazugeben und einen goldbraunen Eierkuchen backen. Herausnehmen und erkalten lassen.
Das Fleisch leicht salzen, mit Speckscheiben belegen und den Eierkuchen darüber ausbreiten. Den Spinat darauf verteilen, den Braten aufrollen, die Ränder festnähen und den Rollbraten mit einem dünnen Bindfaden umwickeln. Das Öl in einer Pfanne erhitzen, das Fleisch darin von allen Seiten anbraten. Mit Wein und einigen EL Wasser übergießen und unter häufigem Begießen mit dem Bratfond in etwa 1½ Stunden gar braten. Aus dem Fond nehmen, abtropfen lassen, den Faden entfernen, etwas abkühlen lassen. In Scheiben geschnitten auf einer vorgewärmten Platte anrichten. Die Sauce extra reichen.

HINWEIS

Zum Fleisch gedünstetes Gemüse der Saison reichen. Der Braten schmeckt aber auch kalt mit Salaten ausgezeichnet.

Kalbsbrust auf Genueser Art
Cima alla genovese

Für 8–10 Personen

4 Eier
200 g frische Erbsen
200 g Kalbsbries
300 g Schweinelende
100 g Speck
100 g in etwas Milch eingeweichtes Weißbrot ohne Kruste
40 g geriebener Parmesan
50 g geschälte Pistazien
Salz und Pfeffer
1 TL kleingehackter Majoran
1 Prise geriebene Muskatnuß
gut 500 g Kalbsbrust
Pfefferkörner
1 Zwiebel, ½ Lorbeerblatt
1 gelbe Rübe

Für die Füllung 3 Eier hart kochen, die Erbsen enthülsen, waschen und gar kochen. Das Bries blanchieren, häuten, in Würfelchen schneiden. Schweinefleisch und Speck durch den Fleischwolf drehen, mit ausgedrücktem Brot, Bries, Erbsen, Parmesan, Pistazien, Salz, Pfeffer, Majoran, Muskat und 1 verquirlten Ei zu einer dicken Farce vermischen.
Das gewaschene und leicht eingesalzene Fleisch, in das man sich am besten gleich vom Metzger eine Tasche schneiden läßt, mit der Farce füllen. Die geschälten Eier im ganzen der Länge nach in die Mitte der Füllung drücken. Die Öffnung zusammennähen, die Kalbsbrust mit einem dünnen Bindfaden fest umwickeln. In eine große Bratpfanne legen, mit kaltem Wasser bedecken, eine Handvoll Salz, Pfefferkörner, Zwiebel, Lorbeerblatt und gelbe Rübe dazugeben und zum Kochen bringen. Bei gemäßigter Hitze ca. 2 Stunden gar kochen. Herausnehmen, abtropfen lassen und heiß oder kalt servieren.

Schmorbraten nach Art der Marken
Brasato di manzo alla marchigiana

1 großes Stück Rindfleisch, ca. 800 g
Salz und Pfeffer
1 Zwiebel, 2 gelbe Rüben
1 Stück Sellerie
100 g roher, fetter Schinken
1 Knoblauchzehe
1 Prise geriebene Muskatnuß
50 g Butter, Öl, Mehl
1/10 l Rotwein
200 g enthäutete, entkernte und durch ein Sieb passierte Tomaten

Das Fleisch waschen, klopfen, salzen und pfeffern. Zwiebel, gelbe Rüben und Sellerie in Stücke schneiden, Schinken und Knoblauchzehe klein schneiden. Die Gemüse-Schinken-Mischung auf das Fleisch geben, mit Muskat bestreuen, mit einem Bindfaden zusammenhalten. In einer Bratpfanne Butter und einige EL Öl erhitzen, den mit Mehl bestäubten Braten dazugeben, nochmals salzen, pfeffern und bei starker Hitze von allen Seiten anbraten. Mit Rotwein aufgießen und den Fond einkochen lassen. Das Tomatenpüree und ¼ l warmes Wasser zugeben. Mit geschlossenem Deckel insgesamt 1½ Stunden schmoren lassen. Mit der Sauce und gedünstetem Gemüse servieren.

Carpaccio

Foto

Filetto alla Carpaccio

500 g hauchdünn geschnittenes
Rinderfilet
Olivenöl
Saft von 1 Zitrone
Salz
frisch gemahlener Pfeffer
Parmesan-Käse im Stück

Auf einem großen Anrichteteller die Filetscheiben (am besten beim Metzger schneiden lassen) in einer einzigen Schicht auslegen und wenige Minuten vor dem Servieren mit reichlich Öl, Zitronensaft, Salz und Pfeffer würzen. Zuletzt mit einem Trüffelschaber oder einem scharfen Messer hauchdünn geschabte Parmesanschnitzel darübergeben.

ABWANDLUNG

Statt Parmesan ganz fein geschnittene Kaiserschwamm- oder Steinpilzscheibchen, feingehackte weiße Trüffel oder Zwiebel auf die Filetscheiben geben.

Bologneser Ragout

Spezzatino alla bolognese

200 g mageres Rindfleisch
120 g Speck
1 Zwiebel
1 gelbe Rübe
Petersilie
1 Knoblauchzehe
125 g Butter
Fleischbrühe
300 g enthäutete, entkernte und durch ein Sieb passierte Tomaten
Salz und Pfeffer
3 Hühnerlebern
1 Stückchen in Scheiben geschnittene Gänseleber (oder Zungenwürfel)
2 Handvoll Pilze (Steinpilze oder Champignons)
1 enthäutete, feingehackte Bratwurst
süße Sahne

Rindfleisch und Speck klein schneiden, Zwiebel, gelbe Rübe, Petersilie und Knoblauch sehr fein hacken. In einer Kasserolle 80 g Butter erhitzen, das Gemisch zufügen, anbräunen und mit 5 EL Fleischbrühe aufgießen. Das Tomatenpüree dazugeben, gut vermischen, salzen, pfeffern und 1 weiteren EL Fleischbrühe zugeben. Langsam bei kleiner Hitze einkochen lassen.

In einer anderen Pfanne in Scheiben geschnittene Hühnerlebern, Gänseleber oder Zunge, blättrig geschnittene Pilze und Bratwursthack andünsten, etwas salzen und mit 1 EL Fleischbrühe weich dünsten. Die beiden Ragouts in einer Pfanne mischen, 2 Minuten durchdünsten und mit Sahne verfeinern.

Neapoletanische Filetsteaks mit Tomaten

Bistecchina alla napoletana al pomodoro

8 kleine Steaks vom Filet oder Kontrafilet, ca. 700 g Gesamtgewicht
150 g Schinken, halb mager, halb fett
½ kleine Zwiebel
½ gelbe Rübe
350 g enthäutete, entkernte und kleingehackte Tomaten
1 Handvoll Petersilie
Öl
Salz und Pfeffer
1/10 l trockener Weißwein
1 Knoblauchzehe
350 g frische Steinpilze (ersatzweise Champignons)
8 Weißbrotscheiben

Für diese neapolitanische Spezialität soll das Fleisch sehr dünn geschnitten sein und wird leicht geklopft. Schinken mit Zwiebel und gelber Rübe kleinhacken, die Tomaten durch ein Sieb passieren, die Petersilie klein hacken. In einer Pfanne das Öl erhitzen, das Schinken-Gemüse-Gemisch (Petersilie beiseite stellen) darin Farbe annehmen lassen. Die Steaks dazugeben, salzen, pfeffern, von beiden Seiten anbraten. Herausnehmen, den Bratfond mit Wein ablöschen und die Sauce einkochen lassen. Das Tomatenpüree hinzufügen, mit ein paar Löffeln Wasser verdünnen, salzen und pfeffern und 10 Minuten durchkochen.

In einem anderen Topf in 2 EL Öl die ganze Knoblauchzehe andünsten, die geputzten Pilze dazugeben, salzen, pfeffern und weich dünsten, evtl. etwas Wasser nachfüllen. Die Knoblauchzehe herausnehmen, die Pilze mit Petersilie bestreut auf einer vorgewärmten Platte anrichten. Daneben die Steaks legen, mit Tomatensauce übergießen, in Öl geröstete Weißbrotscheiben dazulegen.

Florentiner Steak
Bistecca alla fiorentina

4 große Filetsteaks vom Jungrind, ca. 2 cm dick
Salz und Pfeffer
Olivenöl

Die Steaks auf dem Grill oder über dem Holzkohlenfeuer braten, bis sie eine braune (nicht schwarze!), nicht zu harte Kruste haben, innen aber noch ein wenig blutig sind. Erst dann salzen, pfeffern und nach Belieben mit etwas Olivenöl beträufeln.

Familientopf
Bollito di famiglia

1 kleine Zwiebel
1 Gewürznelke
800 g Ochsenfleisch zum Kochen
1 Knoblauchzehe
1 gelbe Rübe
1 Stückchen Sellerie
Salz
Pfefferkörner
8 Kartoffeln

Die Zwiebel mit der Gewürznelke spicken. Das Fleisch in einen großen Topf geben, mit ca. 2 l Wasser aufkochen. Abschäumen, Zwiebel, Knoblauch, gelbe Rübe, Sellerie, Salz und Pfefferkörner hinzufügen. Bei mäßiger Hitze 2 Stunden kochen lassen.
In der Zwischenzeit die Kartoffeln schälen und kochen. Das Fleisch aus der Brühe nehmen, auf einer Platte anrichten, mit den Kartoffeln umlegen und nach Belieben Tomatensauce (Seite 33) dazu reichen.

Schweinebraten mit Milch
Arrosto di maiale al latte

1 kg Schweinefilet
1 Zweiglein Rosmarin
Salz und Pfeffer
60 g Butter
Salbeiblätter
1 l Milch

Den Braten mit Rosmarin spicken, mit einem Bindfaden zusammenhalten, salzen und pfeffern. In eine Kasserolle die Butter und ein paar Salbeiblätter geben, etwas erhitzen, das Fleisch dazugeben und von allen Seiten anbraten. Die heiße Milch darübergießen, bei geschlossenem Deckel weich dünsten lassen. Den Braten in Scheiben schneiden, auf einer Platte anrichten und mit der durch ein Sieb passierten Sauce begießen.

Mailänder Schweinefleischtopf

Foto

Cazzoeula di maiale alla milanese

1 Schweinepfote
100 g Speck mit Schwarte
20 g Butter
1 Zwiebel
5 gelbe Rüben
2 Sellerieknollen
500 g Schweinerippchen
2 l Fleischbrühe
Salz und Pfeffer
2 mittelgroße Köpfe Wirsing
200 g Kochmettwurst

In einen großen Topf die gewaschene und gut abgeschabte Pfote und die ebenfalls gut abgeschabte Speckschwarte geben, mit Wasser bedecken und halb weich kochen. Herausnehmen, die Schwarte in Stücke schneiden.
In einer Kasserolle in der Butter die feingehackten Zwiebeln anrösten, gelbe Rüben und Sellerie putzen, waschen, in kleine Stücke schneiden und dazugeben, ebenso die Rippchen, die Schwarte und die halbierte Schweinepfote. Alles anbräunen und mit der Fleischbrühe aufgießen. Salzen, pfeffern, zugedeckt kochen lassen, dabei häufig umrühren. Inzwischen den Wirsing waschen, Strunk und harte Blätter entfernen, kleinstreifig schneiden und blanchieren. Wenn das Fleisch fast gar ist, Wirsing und Wurst dazugeben und zu Ende kochen.

Apulisches Ragout
Spezzatino di maiale alla pugliese

1 kleine Zwiebel
1 gelbe Rübe
1 Knoblauchzehe
1 Bund Petersilie
40 g Schmalz oder Butter
Öl
1 Prise »4 spezie« Gewürzmischung (in Feinkostgeschäften auch unter dem Namen »quatre épices« erhältlich)
350 g mageres Schweinefleisch
1/10 l trockener Weißwein
800 g enthäutete, entkernte und kleingehackte Tomaten
Salz und Pfeffer

Zwiebel, gelbe Rübe, Knoblauch und Petersilie fein hacken und gut vermischen. In Schmalz oder Butter und ein paar EL Öl andünsten und Farbe annehmen lassen. Die Gewürzmischung und das in kleine Stücke geschnittene Fleisch dazugeben und langsam anbraten lassen. Mit Wein aufgießen und einkochen lassen. Die Tomaten hinzufügen, salzen, pfeffern und bei mäßiger Hitze ungefähr 1½ Stunden kochen lassen, evtl. ab und zu etwas Wasser nachgießen. Dieses Ragout schmeckt auch gut zu Teigwaren.

Schlemmerkotelett
Braciole di maiale gustose

4 Schweinekoteletts, je ca. 150 g
30 g Butter
Öl
Salz und Pfeffer
Mehl
50 g Parmesan-Käse, in dünne Scheiben geschnitten
1 Trüffel

Die Koteletts klopfen, fette Teile und Sehnen entfernen. In einer feuerfesten Pfanne Butter und 4 EL Öl erhitzen. Die gesalzenen, gepfefferten und auf einer Seite in Mehl getauchten Koteletts mit der nicht bemehlten Seite nach unten in die Pfanne legen. 10 Minuten braten, dann wenden. Auf die bereits gebratene Seite die Käsescheiben und die blättrig geschnittenen Trüffel legen. Die Pfanne in den Ofen schieben und die Koteletts bei 200 °C noch ein paar Minuten überbacken.

Hasenbraten mit Pappardelle
Pappardelle con la lepre

1 küchenfertiger Hase
½ l Rotwein
1 Stange Bleichsellerie
2 kleine Zwiebeln
1 Lorbeerblatt
schwarze Pfefferkörner
75 g Schweinebauch
1 Karotte
4 EL Olivenöl
Salz
frisch gestoßener schwarzer Pfeffer

7 EL Fleischbrühe
400 g Pappardelle (breite Bandnudeln mit gewelltem Rand)
75 g geriebener Parmesan
50 g Butter

Den Hasen in Portionsstücke teilen und das Fleisch in eine Schüssel legen. Rotwein, gehackten Sellerie, 1 gehackte Zwiebel, Lorbeerblatt und Pfefferkörner zu einer Marinade verrühren und über den Hasen gießen. 3–4 Stunden ziehen lassen, die Fleischstücke gelegentlich wenden.
Den Schweinebauch mit der anderen Zwiebel und der gelben Rübe durch den Fleischwolf drehen. Das Öl in einer großen, schweren Pfanne erhitzen, die Masse 5 Minuten anbraten. Inzwischen das Fleisch aus der Marinade nehmen und gut abtropfen lassen. Zum Hackfleisch in die Pfanne geben, mit Salz und Pfeffer würzen. Von allen Seiten gut anbräunen, die Fleischbrühe und etwas von der Marinade angießen. Zugedeckt garen, bis das Hasenfleisch weich ist (ca. 1½ Stunden). Gelegentlich umrühren und evtl. noch etwas Marinade zugießen. Die Fleischstücke herausnehmen und auf einer Platte warmhalten. Die Bratflüssigkeit durch ein Sieb passieren.
Während das Fleisch gart, die Pappardelle in gesalzenem Wasser nicht zu weich kochen, gut abtropfen lassen. In eine vorgewärmte Schüssel füllen, etwas Bratensaft darüberträufeln, mit Parmesan bestreuen und geschmolzene Butter darübergießen. Den Hasenbraten mit der Sauce dazu servieren.

Huhn auf Jägerinart
Pollo alla cacciatora

1 großes, junges Huhn
Öl
Salz und Pfeffer
1 Knoblauchzehe
Salbeiblätter
1 Rosmarinzweig
Mehl
1/10 l trockener Weißwein
2 Sardellen

Das Huhn ausnehmen, waschen und in 4 Stücke teilen. In einer Kasserolle etwas Öl erhitzen, die Hühnerstücke darin anbraten, salzen und pfeffern. Die ganze Knoblauchzehe, einige Salbeiblätter und den Rosmarinzweig dazugeben, mit Mehl bestreuen und, wenn alles Farbe angenommen hat, mit Wein aufgießen. Einkochen lassen, die Temperatur drosseln. Bei mäßiger Hitze weichdünsten. Von Zeit zu Zeit etwas Wasser nachgießen.
Die Sardellen im Mörser zerdrücken oder durch den Fleischwolf drehen. Die Hühnerstücke auf einer vorgewärmten Platte anrichten. Die Sauce durchsieben, mit den Sardellen verrühren, 1 Minute durchkochen und über das Hühnchen gießen.

Gebackenes Huhn auf toskanische Art
Pollo fritto alla Toscana

1 Huhn, ca. 1 kg
Saft von 2 Zitronen
Salz
weißer Pfeffer
Öl
1 Handvoll Petersilie
1 Rosmarinzweig
1 Lorbeerblatt
1 kleingehackte Knoblauchzehe

Ausbackteig
2 Eier
2 EL Mehl
Milch
Salz
Cayennepfeffer
1 Rezept Tomatensauce auf Hausmacherart (Seite 33)

Das Huhn ausnehmen, waschen und in Stücke schneiden. Zitronensaft, Salz, Pfeffer, Öl, kleingehackte Kräuter und Knoblauch zu einer Marinade verrühren. Die Hühnchenteile darin ca. 1 Stunde ziehen lassen. Herausnehmen, abtropfen lassen.
Für den Ausbackteig alle Zutaten zu einer zähflüssigen Masse verrühren, die Hühnerstücke darin wenden und in rauchend heißem Öl goldbraun fritieren. Gut abtropfen lassen, mit Petersilie bestreuen. Die Tomatensauce extra reichen.

Gefüllte Ente auf toskanische Art
Anitra ripiena alla Toscana

1 Ente
Salz

Füllung
2 Hühnerlebern
1 Entenleber
80 g Schweinelende
30 g Speck
½ kleine Zwiebel
Pfeffer
4 EL Rotwein
70 g Butter
1/10 l Weißwein
Salz

Die Ente ausnehmen, waschen und innen mit etwas Salz einreiben.
Für die Füllung die Lebern, Schweinefleisch, Speck und Zwiebel kleinschneiden und in einer Schüssel mit Salz, Pfeffer und Rotwein vermischen. Die Ente damit füllen und zunähen. Auch von außen salzen und pfeffern und mit 30 g Butter bestreichen. Im Ofen bei 190 °C ca. 1½ Stunden braten.
Herausnehmen, den Fond mit Weißwein aufkochen und mit Butter verfeinern. Die Sauce über die Ente gießen. Als Beilage gedünstete Karden und geriebenen Käse reichen.

GEMÜSE

Verdure

Sauerkraut italienisch
Crauti alla casalinga

500 g Sauerkraut
50 g Schmalz
100 g gewürfelter Speck
Salz
Fleischbrühe
1 kleine Salami
300 g geschälte, in Scheiben geschnittene Kartoffeln
1/10 l trockener Weißwein
Senf

Das Sauerkraut waschen, mit Schmalz und Speck in einen Topf geben, etwas salzen, mit Brühe aufgießen und weich kochen. Nach etwa 2/3 der Kochzeit die in Scheiben geschnittene Salami, die Kartoffeln und den Wein zugeben. Die Kochflüssigkeit muß ganz verdampfen, das Kraut soll nicht zu weich sein. Den Senf extra reichen.

Krautwickel auf neapolitanische Art
Verza ripiena alla napoletana

1 Kopf Wirsing, ca. 1 kg
350 g Scamorza-Käse (ersatzweise Emmentaler)
knapp 1/10 l Öl
1 EL feingehackte Zwiebeln
600 g enthäutete, entkernte, in Stücke geschnittene und durch ein Sieb passierte Tomaten
Salz und Pfeffer
geriebener Parmesan

Den Wirsing waschen, Strunk und harte Blätter entfernen und in Salzwasser nicht zu weich kochen. Abkühlen lassen, die Blätter ablösen und für 8 Krautwickel zusammenlegen. Auf jede Portion 1 Scheibe Käse geben, die Krautwickel aufrollen und mit einem Zahnstocher zusammenhalten.
In einer Kasserolle das Öl erhitzen, die Zwiebeln glasig andünsten, das Tomatenpüree hinzufügen, salzen, pfeffern und bei geringer Hitze 20 Minuten durchkochen lassen. Die Hälfte der Sauce in eine feuerfeste Form geben, die Krautwickel darauflegen, die restliche Sauce darübergießen. Mit reichlich Parmesan bestreuen und bei 180 °C im Ofen etwa 10 Minuten gratinieren.

Süß-saure Zwiebeln
Cipolline agrodolce

800 g Perlzwiebeln oder scharfe, kleine Zwiebeln
100 g fetter Speck
3 Knoblauchzehen
50 g Schmalz
10 g Zucker
Essig
Salz

Die Zwiebeln schälen und 2 Stunden in kaltes Wasser legen. Speck, 2 Zwiebelchen und die Knoblauchzehen fein hacken und mit dem Schmalz in einer Kasserolle erhitzen. Sobald alles etwas Farbe angenommen hat, die restlichen, abgetropften Zwiebeln dazugeben, goldgelb anrösten lassen und den Zucker zugeben. Mit Essig-Wasser-Mischung, halb und halb, auffüllen und weich

kochen. Die Flüssigkeit so stark einkochen lassen, daß die Zwiebeln knapp mit einer Saucenschicht bedeckt sind.
Sie schmecken hervorragend als Beilage zu Rinder- oder Schweinebraten.

Gefüllte Zwiebeln auf Genueser Art

Cipolle ripiene alle genovese

8 große, runde Zwiebeln
100 g gebratenes, kleingehacktes Fleisch
2 Bittermakronen oder
1 Bittermandel
4 Anchovisfilets
2 EL Semmelbrösel
200 g geriebener Parmesan
Salz und Pfeffer
2 verquirlte Eier
Milch
50 g Butter

Die geschälten Zwiebeln in Salzwasser 10–15 Minuten kochen, abkühlen lassen. Je einen Deckel abschneiden und die Zwiebeln nicht zu stark aushöhlen. Das Zwiebelinnere fein hacken, mit gehacktem Fleisch, zerbröckelten Makronen oder gehackter Mandel, feingehackten Anchovisfilets, Semmelbröseln, Parmesan, Salz, Pfeffer und Eiern vermischen. Sollte die Fülle zu trocken sein, etwas Milch zugeben. Die Zwiebeln damit füllen, die Deckel daraufsetzen und in eine gebutterte, feuerfeste Form geben. Die Zwiebeln bei etwa 180 °C ½ Stunde backen, bis sie leicht goldbraun sind.

Gefüllte Zucchini

Zucchine ripiene

800 g mittelgroße Zucchini
150 g Rinderhackfleisch
50 g Schinken
25 g Mortadella
20 g Weißbrot ohne Kruste
Milch
30 g geriebener Parmesan
1 Ei
1 Prise geriebene Muskatnuß
Salz und Pfeffer
1 EL Schmalz
40 g Schinkenspeck
¼ Zwiebel
Petersilie
80 g Tomatensauce auf Hausmacherart (Seite 33)

Die Zucchini waschen, die Spitzen abschneiden und vorsichtig mit einem spitzen Messer aushöhlen. Hackfleisch, feingehackten Schinken, feingewiegte Mortadella, in etwas Milch eingeweichtes und ausgedrücktes Weißbrot, Parmesan, verquirltes Ei, Muskat, Salz und Pfeffer gut vermischen und die Zucchini damit füllen. Im Schmalz den kleingehackten Schinkenspeck, feingehackte Zwiebeln und Petersilie anrösten, die Tomatensauce einrühren und die Zucchini dazugeben. Kurz andünsten lassen, mit Wasser auffüllen, daß sie bedeckt sind, salzen, pfeffern und weich kochen.

Spinatpudding
Budino di spinaci

80 g Butter
80 g Mehl
½ l Milch
Salz
1 Prise geriebene Muskatnuß
6 Eier
1 kg Spinat
50 g Reibkäse
Pfeffer
Semmelbrösel

Aus 50 g Butter, Mehl, Milch, Salz und Muskat eine Béchamelsauce (Seite 35) kochen. 2 Eier hart kochen, schälen und in kleine Würfel schneiden. Den Spinat waschen, in Salzwasser weich kochen, durch ein Sieb passieren und mit 20 g Butter so lange dünsten, bis er ganz trocken ist. Mit der Béchamelsauce, 4 verquirlten Eidottern, Käse, Salz und Pfeffer vermischen. Zuletzt die Eiwürfel und das zu steifem Schnee geschlagene Eiweiß unterziehen. In eine gefettete, mit Semmelbröseln ausgestreute Auflaufform geben, mit Semmelbröseln bestreuen, mit Butterflöckchen belegen. Bei 180 °C im Ofen etwa 20 Minuten goldbraun überbacken. Stürzen und rasch servieren.

Spinat auf römische Art
Spinaci alla romana

1 kg Spinat
Schmalz
70 g roher Schinken
je 35 g Sultaninen und Pinienkerne
Butter

Den Spinat waschen, in Salzwasser nicht zu weich kochen. Grob hacken und in Schmalz zusammen mit dem in Streifen geschnittenen Schinken andünsten. Nach ein paar Minuten Pinienkerne und vorgequollene Sultaninen zugeben, gut mischen. Vor dem Anrichten mit einem Stückchen Butter verfeinern.

Spargel mit Käse
Foto
Asparagi al formaggio

1,5 kg Spargel
80 g Butter
100 g Mozzarella-Käse
60 g geriebener Parmesan
Saft von 1 Zitrone
Salz

Den Spargel putzen, schälen, mit einem Bindfaden bündeln und in Salzwasser nicht zu weich kochen. Eine feuerfeste Form ausbuttern. Schichtweise mit Spargel und Mozzarellastückchen auslegen, jede Lage mit Parmesan bestreuen und mit Zitronensaft beträufeln. Bei 200 °C im Ofen ca. 15 Minuten überbacken.

S.p.A. GALBANI

Erbsen mit Schinken
Piselli al prosciutto

80 g Butter
1 gehäufter TL feingehackte Zwiebeln
500 g frische, enthülste Erbsen
Salz und Pfeffer, 1 Prise Zucker
Fleischbrühe
10 g magerer roher Schinken
Weißbrotwürfel

In 60 g Butter die Zwiebeln goldgelb rösten, die gewaschenen Erbsen hinzufügen, salzen, pfeffern, mit Zucker würzen und mit etwas Brühe auffüllen. Kurz vor Ende der Garzeit die Temperatur erhöhen und den feinstreifig geschnittenen Schinken unter die Erbsen mischen. Mit in der restlichen Butter goldgelb gerösteten Weißbrotscheiben auftragen.

Fenchel in Butter mit Fleischsauce
Finocchi al burro con sugo di carne

4 Stauden Fenchel
60 g Butter, Salz
knapp ¼ l Italienische Fleischsauce (Seite 33)

Vom Fenchel die Blätter entfernen, die Stiele kürzen und die gutgewaschenen Knollen in Stücke schneiden. In kochendes Salzwasser geben, die nicht zu weich gegarten Stücke abtropfen lassen. Die Butter in einer Kasserolle zergehen lassen, die Fenchelstücke mit etwas Salz darin wenden. In eine Schüssel geben und mit dem Sugo di carne übergießen.

Peperonata

800 g rote, grüne und gelbe Paprikaschoten
Öl
200 g Zwiebeln
1 Knoblauchzehe
2 Lorbeerblätter
Salz und Pfeffer
500 g enthäutete, entkernte und in Stücke geschnittene Tomaten

Die Paprikaschoten waschen, Stiel, Kerne und Rippen sorgfältig entfernen, in große Stücke schneiden. ¹⁄₁₀ l Öl in einem Tiegel erhitzen, Zwiebelringe und in Scheiben geschnittenen Knoblauch sowie 2 Lorbeerblätter dazugeben und Farbe annehmen lassen. Die Paprikastücke hinzufügen, salzen, pfeffern, 10 Minuten bei guter Hitze durchkochen lassen. Die Tomaten dazugeben, nachsalzen, bei mäßiger Hitze fertiggaren.

Pikant gefüllte Paprikaschoten
Peperoni ripieni piccanti

4 große, gelbe Paprikaschoten
100 g schwarze Oliven
150 g Bauchfleisch vom Thunfisch (auch aus der Dose)
4 gewässerte Sardellenfilets
30 g Kapern
2 EL Semmelbrösel
Salz und Pfeffer
Öl

Die Paprikaschoten waschen, längs halbieren, Stiel, Kerne und Rippen entfernen und in einer heißen Pfanne kurz von beiden Seiten anrösten. In einer Terrine die entsteinten, kleingehackten Oliven mit zerpflücktem Thunfischfleisch, kleingeschnittenen Sardellenfilets, Kapern, wenig Semmelbröseln, einigen EL Öl, Salz und Pfeffer gut mischen. Eine Bratpfanne einölen, die Paprikahälften hineinlegen, mit der Mischung füllen, noch etwas Öl in die Pfanne geben und bei Mittelhitze im Ofen garen.

Brokkoli mit Weißwein auf römische Art

Broccolo con vino bianco alla romana

1 kg Brokkoli
2 Knoblauchzehen
50 g Schmalz
Salz
frisch gemahlener schwarzer Pfeffer
trockener Weißwein

Das Gemüse putzen, waschen, in Röschen zerteilen. Die geriebenen Knoblauchzehen im Schmalz anrösten, die Röschen hinzufügen, einige EL Wasser dazugießen, salzen, pfeffern und während des Kochens nach und nach Wein dazugeben. Die Flüssigkeit muß ganz verkocht, das Gemüse soll nicht zu weich sein.

HINWEIS

Die Römer dünsten das Gemüse bevorzugt in einem Wein der Castelli Romani, z.B. einem trockenen Frascati oder Albano.

Gebackene Auberginen mit Mozzarella

Fritto di melanzane e mozzarella

3 große Auberginen
Salz
250 g Mozzarella-Käse
Mehl
2 Eier
Semmelbrösel
Backöl
1 Rezept Tomatensauce auf Hausmacherart
(Seite 33)

Die Auberginen ungeschält in Scheiben schneiden, einsalzen und ca. 25–30 Minuten ruhen lassen, damit der bittere Geschmack verschwindet. Inzwischen den Käse in Scheiben schneiden. Die Auberginen waschen, gut abtrocknen, in Mehl, leicht gesalzenem, verquirltem Ei und Semmelbröseln wenden. Im Öl goldbraun ausbacken und abtropfen lassen. Die Käsescheiben ebenfalls in Mehl, Ei und Semmelbröseln wenden und ausbacken. Auf einer Platte abwechselnd Käse- und Auberginenscheiben ziegelartig anrichten, mit Tomatensauce übergossen servieren.

Tomaten auf sizilianische Art

Pomodori alla siciliana

8 mittelgroße, reife Tomaten
1 Zwiebel
Öl
8 gewässerte Sardellenfilets
Petersilie
40 g Kapern
30 g Semmelbrösel
50 g entsteinte schwarze Oliven
Salz und Pfeffer

Von den gewaschenen Tomaten Deckel abschneiden, aushöhlen und umgekehrt hinstellen, damit alle Flüssigkeit ausläuft. Die gehackten Zwiebeln in ein paar EL Öl Farbe annehmen lassen. Die im Mörser zerdrückten oder durch den Fleischwolf gedrehten Sardellenfilets, kleingehackte Petersilie, Kapern, Semmelbrösel und die in Stücke geschnittenen Oliven dazugeben. Salzen, pfeffern und alles gut mischen. Die Mischung in die Tomaten füllen, die Deckel aufsetzen und in eine gut eingeölte Bratpfanne setzen. Etwas Öl darüberträufeln und im Ofen bei 180 °C ca. 30 Minuten backen.

Karden in Butter

Cardi al burro

800 g Karden
80 g Butter
Salz

Die Karden, auch Cardy oder Kardonen genannt, sind eine Distelart und sehen den Artischocken ähnlich. Verwendet werden nur die Herz- und Innenblätter.
In Stücke schneiden und im Sud (unten, Artischocken Cavour) nicht zu weich kochen. Herausnehmen, abtropfen lassen, in Butter wenden und mit Salz würzen.

Artischocken Cavour

Carciofi alla Cavour

8 kleine Artischocken
25 g Mehl
Saft von ½ halben Zitrone, Salz
120 g Butter
50 g geriebener Parmesan
2 hartgekochte, geschälte Eier
4 Sardellenfilets
1 Sträußchen Petersilie

Die Artischocken säubern, von allen harten Teilen befreien und die Böden in folgendem Sud nicht zu weich kochen: Mehl in etwas Wasser verrühren, 1 l kaltes Wasser aufgießen, Zitronensaft, Salz und 50 g Butter zufügen. Die Artischockenböden abtropfen lassen, nebeneinander in eine gefettete, feuerfeste Form legen, etwas salzen, mit 50 g Butter und Parmesan bestreuen und im Ofen bei 190 °C goldgelb überbacken.
In der Zwischenzeit Eier, Sardellenfilets und Petersilie sehr fein hacken, in der restlichen Butter andünsten und über die gratinierten Artischocken geben.

HINWEIS

In dem beschriebenen Sud gekocht, behält Gemüse, das hell bleiben soll, seine Farbe.

SÜSSPEISEN

Dolci

Tirami su

Tirami su

Für 8 Personen

3 Eigelb
100 g Zucker
200 g Mascarpone (Frischkäse)
1 Schnapsgläschen Rum
1 Eiweiß
¼ l starker Kaffee
300 g Löffelbiskuits
Kakao

Eigelb mit der Hälfte des Zuckers schaumig schlagen, Mascarpone und Rum unterrühren. Das Eiweiß mit dem restlichen Zucker steif schlagen und vorsichtig unter die Creme ziehen. Die Löffelbiskuits mit Kaffee tränken und den Boden einer Springform (20 cm Durchmesser) damit auslegen. Eine dicke Schicht Creme daraufstreichen, wieder eine Lage Löffelbiskuits darüberschichten. Mit einer Cremeschicht abschließen. In den Kühlschrank oder die Kühltruhe stellen, bis das Dessert schön steif geworden ist. Auf eine Tortenplatte setzen und mit ungesüßtem Kakao bestäuben.

Zuppa Romana

Zuppa inglese

300 g Spanisches Brot (Seite 109)
1 Rezept Konditorcreme (Seite 105)
1 TL kleingehackte kandierte Früchte
Alchermes oder ein anderer Likör
Rum
3 Eiweiß
Zucker
Orangeat

Das Pan di Spagna quer in ca. 1 cm dicke Scheiben teilen. 3 EL der Creme beseite stellen, den Rest mit den kandierten Früchten vermischen. Auf eine feuerfeste Platte die 3 EL Creme in der Größe der Scheiben des spanischen Brotes ausstreichen und darauf 1 Scheibe des mit Likör getränkten Pan di Spagna legen. Darauf eine Schicht Creme mit kandierten Früchten, darüber 1 Scheibe Pan di Spagna, diesmal mit Rum getränkt, usw. Die oberste Schicht ist Pan di Spagna. Eiweiß mit etwas Zucker zu steifem Schnee schlagen, die Oberfläche damit bedecken, mit ein paar Stückchen Orangeat verzieren. In den Ofen geben, bei 100 °C die Eiweißmasse trocknen und leicht goldgelb werden lassen.

Wassermelone mit Überraschung

Anguria in sorpresa

1 reife Wassermelone
Maraschino-Likör
je 1 Apfel, 1 Birne und 1 Pfirsich
3 Aprikosen
1 Orange
10 halbierte Walnußkerne
Zucker

Von der Wassermelone einen Deckel (ca. 4 cm vom Stielansatz) abschneiden und beiseite legen. Mit einer Kugelzange das Melonenfleisch herausheben, die Innenwände glätten und mit etwas Maraschino bespritzen. Apfel und Birne waschen, vom Kernhaus befreien und würfeln, den Pfirsich waschen, entsteinen und in

Stückchen schneiden, die Aprikosen waschen, entsteinen und halbieren, die Orange schälen und in Spalten teilen. Mit den Wassermelonenkugeln und Walnüssen in eine Schüssel geben und mit Zucker bestreuen. Ungefähr 2 Stunden in Maraschino ziehen lassen, dabei gelegentlich umrühren. Die Wassermelone mit dem Obst und der Marinade füllen, den Deckel aufsetzen und bis zum Servieren im Kühlschrank kalt stellen.

Heidelbeerdessert

Coppe di mirtilli

600 g gewaschene,
abgetropfte Heidelbeeren
150 g Zucker
Saft von 1 Orange
und 1 Zitrone
abgeriebene Schale von 1 unbehandelten
Zitrone, Salz
2 Eiweiß

0,2 l Wasser in einem Topf zum Kochen bringen, die Heidelbeeren bis auf eine Handvoll hineingeben, bei schwacher Hitze unter gelegentlichem Umrühren kochen lassen. Vom Herd nehmen, etwas abkühlen lassen und durch ein Sieb passieren. Das Heidelbeerpüree in eine Schüssel geben, Zucker, Orangen- und Zitronensaft, Zitronenschale und etwas Salz hinzufügen. Alles gut mischen und das steifgeschlagene Eiweiß unterziehen. Die Heidelbeercreme in 6 Schälchen anrichten und mit den frischen Heidelbeeren garnieren. Bis zum Servieren im Kühlschrank kalt stellen.

Konditorcreme

Crema pasticceria

½ l Milch
6 Eigelb
250 g Zucker
50 g Mehl
Salz

Die Milch bis zum Kochen erhitzen. Eigelb und Zucker schaumig schlagen, vorsichtig das Mehl und etwas Salz unterziehen. Die heiße Milch dazugeben, auf der noch heißen Herdplatte (Gas: kleinste Flamme) unter ständigem Rühren eindicken. Einige Minuten mehr ziehen als kochen lassen. Vom Herd nehmen und erkalten lassen. Man kann diese Creme mit etwas Vanillemark verfeinern.

Dessert von gekochten Früchten

Dessert di frutta cotta

800 g Martinsbirnen aus dem Aostatal
(ersatzweise andere Sorten)
1 l Barolo (ersatzweise ein anderer
Rotwein)
150 g Zucker
4 Gewürznelken
Zimt

Die gewaschenen, ganzen Birnen ungeschält in eine feuerfeste Pfanne geben, mit dem Wein bedecken, zuckern, Gewürznelken und Zimt hinzufügen und ca. 1½ Stunden im Ofen dünsten (der Zucker soll dick wie Gelatine eingekocht sein).

Weinschaum

Zabaione

4 Eigelb
100 g Zucker
8 EL Marsala
oder ein trockener Weißwein

In einer Kasserolle Eigelb und Zucker schaumig schlagen. Wenn die Mischung cremig ist, langsam den Wein unterziehen. Im Wasserbad erhitzen (nicht kochen), dabei ständig rühren, bis die Creme steif ist. Kalt oder warm servieren.

Neapolitanische Ostertorte

Foto

Pastiera alla napoletana

Mürbeteig

350 g Mehl
150 g Schweineschmalz
150 g Zucker
3 Eier
Schale von 1 unbehandelten Zitrone
Salz
1 Eigelb zum Bestreichen
Puderzucker zum Bestreuen

Füllung

220 g Weizenkörner,
2–3 Tage in Wasser eingeweicht
½ l Milch
Schale von 1 unbehandelten Zitrone
gemahlener Zimt
400 g Zucker
Salz
500 g Ricotta-Käse
200 g kandierte Zedernschale
2 EL Orangenblütenwasser
6 Eier

Das Mehl mit Schmalz, Zucker, Eigelb, Zitronenschale und etwas Salz schnell zu einem Mürbeteig verkneten. Zu einer Kugel formen und mit einem Küchentuch bedeckt 40 Minuten an einem kühlen Ort ruhen lassen.

Für die Füllung den vorgequollenen Weizen abtropfen lassen, mit kaltem Wasser aufsetzen und ca. 1 Stunde kochen. Gut abtropfen lassen, die Milch, 2 Streifen Zitronenschale, 1 Messerspitze Zimt, 50 g Zucker und 1 Messerspitze Salz dazugeben und bei schwacher Hitze kochen, bis die Milch ganz aufgesaugt ist. Vom Herd nehmen und abkühlen lassen. In einer Schüssel den Getreidebrei (die Zitronenschale herausnehmen), den durch ein Sieb passierten Ricotta, den restlichen Zucker, die restliche geriebene Zitronenschale, die gewürfelte Zedernschale, etwas Zimt und das Orangenblütenwasser mit 6 Eigelb binden. Zuletzt den steifgeschlagenen Schnee von 4 Eiweiß unterziehen.

Den größten Teil des Mürbeteiges zu einer runden Platte von 30 cm Durchmesser ausrollen. Eine Kuchenform mit ausgelassenem Schmalz einfetten, den Teig hineindrücken und die Füllung darübergeben. Den restlichen Teig in Streifen schneiden, gitterförmig über die Füllung legen und einen Rand um die Torte legen. Die Streifen und den Rand mit Eigelb bepinseln, die Torte in den Backofen schieben, bei 180 °C goldbraun backen. Die Pastiera herausnehmen, auskühlen lassen und auf eine Tortenplatte legen. Mit Puderzucker bestäuben und servieren.

Gewürzkuchen

Panforte di Siena

Für 8 Personen

75 g Haselnußkerne
75 g abgezogene Mandeln
175 g Zitronat und Orangeat
50 g Mehl
½ TL Lebkuchengewürz
100 g Zucker
100 g Honig
2 EL Puderzucker gemischt mit
1 TL Zimt zum Bestreuen

Die Haselnüsse auf einem Backblech verteilen und für 5–10 Minuten in den auf 190 °C vorgeheizten Backofen schieben. Anschließend mit einem sauberen Tuch die Haut abreiben und grob hacken. Mit den ebenfalls grob gehackten Mandeln, dem fein gehackten Zitronat und Orangeat, Mehl und Gewürz in eine Schüssel geben und alles gut vermischen.

Zucker und Honig in einen Topf geben und langsam erhitzen, bis sich beides aufgelöst hat. Kochen lassen, bis die Masse eine Temperatur von ca. 115 °C erreicht hat. (Wer kein Kochthermometer besitzt, läßt 1 Klecks in eine Tasse mit kaltem Wasser tropfen. Wenn er karamelisiert, ist die richtige Temperatur erreicht). Sofort von der Kochstelle nehmen und unter die Nußmischung rühren.

Den Teig in eine flache, mit Backpapier ausgelegte Springform von 20 cm Durchmesser füllen und glatt streichen, er sollte nicht mehr als 1 cm hoch sein. Im vorgeheizten Backofen bei 150 °C ca. 30–35 Minuten backen, auf ein Kuchengitter geben, das Papier abziehen und auskühlen lassen. Den Kuchen dick mit dem Zimt-Puderzucker-Gemisch bestreuen und in schmale Stücke schneiden.

Mandelkuchen

Pan rosso d'Abruzzo

Für 6–8 Personen

50 g Mehl
50 g Speisestärke
1 Prise Zimt
4 Eier, 75 g Zucker
50 g gemahlene Mandeln
40 g Butter
2 EL Amaretti di Saronno
oder ein ähnlicher Likör
75 g Schokolade
1 EL Wasser

Mehl, Speisestärke und Zimt mischen und sieben. Die Eier trennen. Eigelb mit Zucker in einer Schüssel schaumig schlagen. Mehl, Mandeln, geschmolzene Butter und den Likör unterrühren. Das Eiweiß steif schlagen und vorsichtig unter die Masse heben. Den Teig in eine mit Backpapier ausgelegte Springform von 18 cm Durchmesser füllen, die Oberfläche glatt streichen und im vorgeheizten Backofen bei mäßiger Hitze (ca. 180 °C) etwa 1 Stunde backen. Anschließend auf ein Kuchengitter zum Abkühlen geben.

Die Schokolade mit 1 EL Wasser im Wasserbad schmelzen und den Kuchen damit überziehen. Erst servieren, wenn die Schokoladenglasur fest geworden ist.

Spanisches Brot
Pan di Spagna

8 Eier
250 g Zucker
abgeriebene Schale von
½ unbehandelten Zitrone
1 TL Vanillezucker
Salz
100 g Mehl
75 g Speisestärke
50 g Butter

Eier, Zucker, Zitronenschale, Vanillezucker und Salz schaumig schlagen. Im Wasserbad so lange schlagen, bis die Creme dick wird. Vom Herd nehmen, weiter schlagen, bis die Creme noch fester wird. Nach und nach das gesiebte, mit der Speisestärke vermischte Mehl und zuletzt die zerlassene Butter unterziehen. In eine gebutterte und bemehlte Kastenform füllen und bei 180 °C 35–40 Minuten backen.

Ligurisches süßes Brot
Pandolce alla ligure

500 g Mehl
1 Glas lauwarmes Wasser
25 g Hefe
130 g Zucker
100 g Butter
100 g eingeweichte Sultaninen
100 g Pinienkerne
100 g kleingehacktes Zitronat
Salz

Etwas Mehl, Wasser und Hefe zu einem Vorteig verarbeiten und gehen lassen. Mit dem übrigen Mehl und den restlichen Zutaten zu einem mittelfesten Hefeteig verarbeiten (evtl. etwas lauwarme Milch zugeben) und an einem warmen Ort zugedeckt 3–4 Stunden gehen lassen. Zu einem runden Laib formen, auf einem gebutterten Blech in den nicht zu heißen Ofen geben. Bei 170 °C ca. 1¼ Stunden backen.

HINWEIS

Der in ganz Norditalien beliebte Osterfladen, *Pinza* genannt, wird ähnlich zubereitet. Sultaninen und Pinienkerne werden meist weggelassen, dafür wird der Fladen vor dem Backen mit Eigelb bestrichen.

Gebäck zum Karneval
Chiacchiere, galani, nodi, cenci

500 g Mehl
3 Eier
100 g Zucker
1 Schnapsgläschen Rum
Öl, Salz
Puderzucker zum Bestreuen

Mehl, Eier, Zucker, 4–5 EL Öl und etwas Salz zu einem festen Teig verarbeiten. 1 Stunde ruhen lassen. Nach Belieben dünne Streifen ausradeln, kleine, haselnußgroße Bällchen, Räder oder Schleifen formen und in rauchend heißem Öl ausbacken. Abtropfen lassen und mit Puderzucker bestreuen.
Dieses Faschingsgebäck ist in ganz Italien unter den verschiedensten Namen sehr beliebt.

Neapolitanische Ricottatäschchen

Foto

Sfogliatelle napoletane

Teig

250 g Mehl
60 g Butter oder Margarine
Salz
20 g Zucker
2 Eier
Milch
Eigelb zum Bepinseln
Puderzucker zum Bestreuen

Füllung

3 Eigelb
125 g Zucker
10 g Kartoffelmehl
¼ l Milch
Vanille
150 g Ricotta-Käse
20 g Orangeat
1 Ei

Das Mehl mit Butterstückchen, Salz, Zucker, Eiern und so viel Milch verkneten, daß ein weicher, elastischer Teig entsteht. Mit den Händen gut durchkneten, ½ Stunde ruhen lassen.

In der Zwischenzeit die Füllung zubereiten. Eigelb mit Zucker schaumig schlagen, das Kartoffelmehl und eßlöffelweise die warme Milch hinzufügen. Mit Vanille aromatisieren und

unter ständigem Rühren zum Kochen bringen. Kurz aufkochen, vom Herd nehmen und abkühlen lassen. Den mit der Gabel glattgerührten oder durch ein Sieb passierten Ricotta, das Orangeat und 1 mit etwas Wasser (oder Likör) verquirltes Ei hinzufügen.
Den Teig auf einem bemehlten Brett wenige Millimeter dick ausrollen und Rechtecke ausschneiden. Auf die Hälfte der Rechtecke etwas von der Füllung geben, die übrigen Rechtekke darauflegen und an den Ecken gut andrücken. Die Täschchen mit Ei bepinseln, auf ein gefettetes und bemehltes Blech legen und im vorgeheizten Ofen backen, bis sie goldgelb sind. Auskühlen lassen und mit Puderzucker bestreut servieren.

Vicentiner Kranz
Bussola alla vicentina

600 g Mehl, 150 g feiner Zucker
8 Eier, Salz
1 Päckchen Trockenhefe
oder 1 nußgroßes Stück Hefe,
in etwas Milch aufgelöst
1 Schnapsgläschen Grappa
25 g Hagelzucker, 1 Eigelb

Alle Zutaten bis auf den Hagelzucker und das Eigelb zu einem Mürbeteig verarbeiten, dabei den Grappa zuletzt dazugeben. Sehr gut verkneten. In eine gebutterte Springform füllen, mit etwas Eigelb bestreichen und mit Hagelzucker bestreuen. Bei 200 °C etwa 40 Minuten backen.

Hausgemachte Torrone
Torrone casalingo

250 g heller Honig
2 Eiweiß
300 g feiner Zucker
300 g Mandeln
Oblaten (ca. 10 cm Durchmesser)

Den Honig in einer Kasserolle bei kleinster Hitze langsam zum Kochen bringen. Vom Herd nehmen, das zu steifem Schnee geschlagene Eiweiß unterziehen. In einer anderen Kasserolle bei ganz geringer Hitze den Zucker schmelzen, mit der Honigmischung vermengen, erkalten lassen, die geschälten und gehackten Mandeln unterziehen. Die Masse auf Oblaten geben, jeweils mit 1 Oblate bedecken und, mit einem Brett beschwert, 24 Stunden ruhen lassen.

Italienischer Obstsalat
Macedonia di frutta

1 kg frische Früchte der Saison
Zucker
Saft von 2 Orangen
Likör (Maraschino oder Cointreau)

Die Früchte bis zur Verarbeitung im Kühlschrank aufbewahren. Waschen oder schälen und in Würfel oder Scheiben schneiden, Kirschen und Beerenobst ganz lassen. In einer Schüssel vorsichtig mit Zucker und Orangensaft mischen und 1 knappe Stunde im Kühlschrank ziehen lassen. Mit Likör beträufeln und auf einem großen Desserteller appetitlich anrichten.

Kastanienpüree mit Sahne
Monte bianco

500 g Eßkastanien
2 EL Milch
175 g Puderzucker
1 Prise Salz
gut ⅛ l süße Sahne
2 EL Brandy, Rum
oder Strega-Likör

Die Kastanien am spitzen Ende mit einem Messer kreuzweise einschneiden, in eine Pfanne geben, mit Wasser bedeckt aufkochen und 15 Minuten köcheln lassen. Abtropfen und abkühlen lassen, daß man sie anfassen kann. Sie müssen jedoch noch ziemlich heiß sein, damit man die Schale und innere Haut gut entfernen kann. Die geschälten Kastanien wieder in die Pfanne geben, mit kaltem Wasser bedeckt aufkochen und ca. 45 Minuten köcheln lassen, bis sie weich sind. Abtropfen lassen und mit der Milch im Mixer pürieren oder mit einer Gabel zerquetschen. Zucker und Salz unterrühren. Das Kastanienpüree hügelförmig in Dessertschalen anrichten. Die Sahne mit Brandy bzw. Rum oder Likör nicht zu steif schlagen und je 1 Klecks als »Schneespitze« auf das Dessert geben. Gleich servieren, es schmeckt frisch am besten.

Vanilleeis
Gelato alla vaniglia

4 Eigelb
200 g Zucker
1 Prise Vanillemark
1 Prise Vanillezucker
½ l Milch

Eigelb, Zucker, Vanillemark und Vanillezucker schaumig schlagen, die warme Milch dazugeben. Bei mäßiger Wärmezufuhr und unter ständigem Rühren erhitzen, bis die Masse kocht. Sofort den Topf vom Herd nehmen, gefrieren lassen.

Kaffeeis oder Mokkaeis
Gelato di caffè

4 Eigelb
300 g Zucker
½ l sehr starker Mokka oder Espresso
½ l Milch oder Sahne

Eigelb und Zucker mit dem Schneebesen cremig schlagen, unter ständigem Schlagen den Kaffee und die warme Milch dazugeben. Bei mäßiger Wärmezufuhr und unter ständigem Rühren oder Schlagen bis zum Kochpunkt erhitzen. Sofort vom Herd nehmen, gefrieren lassen.

Schokoladeneis
Gelato al cioccolato

150 g nicht zu bittere Kochschokolade
4 Eigelb
100 g Zucker
1 Prise Vanillemark
½ l Milch

Die Schokolade im Wasserbad unter ständigem Rühren schmelzen. Eigelb mit Zucker cremig schlagen, die Vanille dazugeben. In einem Topf mit der Schokolade und der Milch unter ständigem Rühren bis zum Kochpunkt erhitzen. Sofort vom Herd nehmen und im Eisschrank gefrieren lassen.

Cremeeis
Gelato alla crema

4 Eigelb
200 g Zucker
½ l Milch

Eigelb mit dem Zucker schaumig schlagen, die warme Milch dazugeben und unter ständigem Rühren bis zum Kochpunkt erhitzen. Sofort vom Herd nehmen. Man kann die Creme vorher durch ein Sieb passieren, oder gleich gefrieren lassen.

Die echte Cassata

Cassata alla siciliana

Für 6 Personen

700 g Ricotta-Käse oder
trockener, halbfetter Quark
von Kuhmilch
250 g Zucker
halbtrockener Likör
100 g Kochschokolade
150 g Zitronat
400 g Spanisches Brot (Seite 109)

Den Ricotta durch ein Sieb streichen, mit Zucker mischen und mit 2 Schnapsgläschen Likör tränken. Mit kleingehackter Schokolade und kleingehacktem Zitronat vermengen. Das Pan di Spagna in mehrere Böden von je etwa 1 cm Dicke zerschneiden. Lagenweise Pan di Spagna und Creme übereinanderschichten. Die oberste Lage ist Pan di Spagna. Fest mit Alufolie umwickeln und 2 Stunden im Kühlschrank kalt stellen. Die Cassata mit Marzipan, Schokoladencreme oder Schlagsahne überziehen und beliebig mit kandierten Früchten verzieren.

Granita mit Zitronen oder Orangen

Granita di limone o arance

Zitroneneis

2 Tassen Wasser
je 1 Tasse Zucker und
Zitronensaft

Orangeneis

2 Tassen Wasser
¾ Tasse Zucker
1 Tasse Orangensaft
Saft von ¾ Zitrone

Für beide Eissorten jeweils das Wasser mit dem Zucker unter ständigem Rühren bei mäßiger Wärmezufuhr auflösen, ohne zu rühren zum Kochen bringen. 5 Minuten bei mäßiger Hitze kochen lassen (nicht länger), vom Herd nehmen und etwas abkühlen lassen. Die Saftmischung dazurühren, den Sirup im Eiswürfelfach ohne Würfelteiler gefrieren lassen. Jede ½ Stunde umrühren und Eisstückchen entfernen. Nach 3–4 Stunden, wenn die Creme wie Schnee ist, in Bechern servieren.

VOM WEIN

Laut Brillant-Savarin, dem Vater der französischen Gastronomieliteratur, ist der Wein der geistige Teil eines Mahls. Italien ist das Weinerzeugerland Nummer eins auf der Welt, mit Abstand gefolgt von Frankreich und Spanien. In allen Regionen Italiens wird in den vom Boden und vom Klima her geeigneten Gegenden Wein angebaut:
Tafelweine besitzen keine sehr ausgeprägten allgemeinen Eigenschaften, die von ihrer Herkunft abhängen. Tafelweine, auf deren Etikett der *Herkunftsort* angegeben ist, müssen einen Mindestanteil von 85% an in diesem Gebiet gelesenen Trauben aufweisen. *Qualitätsweine* tragen in Italien die Bezeichnung »DOC« (denominazione di origine controllata). Sie werden in fest umschriebenen Gebieten aus Trauben erzeugt, deren Zusammensetzung genau festgelegt ist. Prädikatsweine werden unter der Bezeichnung »DOCG« (denominazione di origine controllata e garantita) vertrieben. Eine weitere sehr geschätzte Gruppe unter den Weinen sind die Arten, die eine besondere Behandlung erfordern, wie *Schaumweine* (z.B. der klassische Asti spumante) *aromatisierte Weine* und *Likörweine.* Likörweine können trokken (wie *Lacrima Christi, Malvasia secco)* oder lieblich sein (wie *Moscato, Aleatico, Malvasia dolce).* Einer der bekannten sehr süßen Weine, die aus leicht vertrockneten Trauben gewonnen werden, ist der *Moscato di Pantelleria.* Der Name *Marsala* ist ausschließlich dem auf Sizilien in einem bestimmten Gebiet produzierten Wein vorbehalten.

Die Wahl des richtigen Weines

Auch wenn keine Zusammenstellung kategorisch sein darf, sollten Sie sich einige Grundregeln merken: Möglichst nie, mehr als drei oder vier Weine zu servieren. Immer einen leichten Wein vor dem schweren, einen jungen Wein vor dem alten, einen gewöhnlichen Wein vor dem wichtigen servieren.

APERITIFS

Ein trockener Schaumwein, ein *Brut methode champenois,* bleibt ein klassischer Aperitif. Doch auch andere leichte und blumige Weißweine oder auch kräftigere, wie einige sardische *Malvasia*-Arten, sind eine gute Einleitung.

VORSPEISEN

Im allgemeinen sind hier trockene Weißweine und Roséweine vorzuziehen. Handelt es sich um Fisch, Mayonnaisesalate, Geflügel, gefüllte Gemüse oder kalte Vorspeisen, sollte man auf junge Weißweine zurückgreifen, deren Bukett jedoch nicht den Geschmack der Speisen überdecken darf. Krustentiere und Meeresfrüchte verlangen dagegen nach volleren, aromatischen Weinen; werden sie jedoch in einer Sauce oder in Form von Patès gereicht, sollten die Weine zwar aromatisch, doch etwas milder sein. Bei in Essig eingelegten Vorspeisen gilt weiterhin die alte Faustregel, jeden Wein zu vermeiden. Er würde nicht schmecken. Zu warmen Vorspeisen passen kräftige Weißweine und auch viele Roséweine, die wiederum bei Wurst- und Schinkenwaren fast Vorschrift sind, es sei denn, man möchte lieber einen leichten, passenden Rotwein dazu servieren.

ERSTER GANG

Beginnen wir mit Brühen oder Consommés. Sind sie nicht mit Likörweinen wie Xeres oder Madeira abgeschmeckt, möglichst keinen Wein dazu servieren. Für Nudel- und Reissuppen, Gemüsesuppen und Gemüsecremesuppen sind milde, geschmacklich neutrale Weine angeraten, die keine Gegensätze aufbauen. Risotto und Nudeln mit Fischsaucen verlangen junge, trockene Weißweine, während zu einigen Fischsuppen auch diverse Roséweine gut passen. Nudeln mit Fleischsaucen sollten dagegen von leichten, jungen Rotweinen begleitet werden, wenn wir einmal die Theorie beiseite lassen, daß Nudelgerichte nie mit Weinen kombiniert werden sollten.

HAUPTGERICHTE

Die möglichen Lösungen für diesen Gang sind unendlich, doch man kann auch hier nach Kategorien vorgehen. Zum Fisch, so wird immer behauptet, ist trockener Weißwein Vorschrift. Doch das hängt ganz von der Zubereitung ab. Es gibt nämlich Fischgerichte, die eine Rotweintunke vorsehen; würde man dazu einen Weißwein servieren, wäre das ein unverzeihlicher Stilbruch. Deshalb sollte man von Fall zu Fall entscheiden und Abstufungen vornehmen. Bei einem einfachen Rezept ist ein junger, trockener und leichter Weißwein angebracht. Bei einem komplexeren Rezept empfiehlt sich eher ein kräftigerer Weißwein. Handelt es sich dagegen um ein gut gewürztes, aromatisches Fischgericht, stört auch ein kühler Roséwein nicht.
Die Fleischgerichte können in drei große Kategorien eingeteilt werden: gekochtes, gebratenes und geschmortes Fleisch. Zum gekochten oder Suppenfleisch gehören Roséweine oder weiche Rotweine, doch auch die großen Weißweine sollten nicht ausgeschlossen werden. Zum Braten passen die vollen, feierlichen Weine, wie zum Beispiel die Kinder der *Nebbiolo*-Traube. Zum geschmorten Fleisch gehören dagegen volle Weine, die schon einige Jahre alt sind und eine Mittelstellung zwischen den für Kochfleisch und den für Bratenfleisch geeigneten Weinen einnehmen.
Bei Eiergerichten ist die Anrichtungsweise ausschlaggebend. Werden sie allein serviert, ist ein guter, zu Fisch passender Weißwein geeignet. Werden sie mit Pilzen, Käse oder Trüffel gereicht, passen die entsprechenden Rosé- oder Rotweine dazu.

KÄSE

Die bisher angewandte Regel, Leichtes zu Leichtem, Mittelkräftiges zu Mittelkräftigem, Kräftiges zu Kräftigem, gilt auch für den Käse. Für den sofortigen Verzehr geeigneter Frischkäse verlangt leichte, neutrale Weißweine. Die mittelkräftigen Käsesorten, meistens mit einer Schimmelrinde wie der *Taleggio* verlangen nach leichten Rotweinen oder nach Roséweinen mit einem ausgeprägten

Charakter. Hartkäsesorten wie Parmesan und Schafkäse lieben volle, großzügige Rotweine. Edelpilzkäse wie *Gorgonzola* verlangen dagegen volle, alkoholstarke alte Weine.

OBST, GEBÄCK UND EIS

Der alte Brauch des trockenen Schaumweins ist in den letzten Jahren endgültig begraben worden und hat, so sieht es aus, auch zukünftig keine Chancen mehr. Schaumwein ja, aber lieblich, wie der von Proust so geliebte *Asti.* Daneben sind alle aromatischen und süßen Likörweine, wie auch der *Passito,* die in allen italienischen Regionen erzeugt werden, immer angebracht.

WEINLOSE GERICHTE

Der letzte Rat betrifft die Gerichte, zu denen kein Wein serviert werden darf. Das gilt für alle Gerichte bei denen Essig oder Zitrusfrüchte im Geschmack vorherrschen, also sauer Eingelegtes, Salate, Orangentorten, aber auch für Schokoladen- und Nußtorten, deren Fettgehalt sich schlecht mit Wein verträgt.

Die hier aufgezeigten Lösungen, und seien sie noch so knapp gefaßt, können sicher auch Verwirrung stiften und den Leser veranlassen, sich erst gar nicht mit der richtigen Weinwahl zu versuchen. Deshalb hier ein einfacher Rat: Trinken sie zu jedem Gericht den Wein, den man am jeweiligen Ort dazu trinkt. In Latium gibt es kein Lamm, das nicht mit einem *Frascati, Marino* oder *Velletri* gegessen wird, also mit einem Weißwein des römischen Burgenlandes. Ist das nun Gotteslästerung? Nach Ansicht der Diktatoren der sogenannten »guten Küche«, ja. Dem guten Geschmack zufolge, nein. Denn die Tradition ist nichts weiter als Überbleibsel und Organisation der in Jahrhunderten gesammelten Erfahrungen. Bestimmen Sie also selbst, wie Sie es machen wollen, und benutzen Sie jede Gelegenheit auf Ihrer Italienreise zum Ausprobieren.

KÄSE – EINE LEIDENSCHAFT

Italien ist auch für seinen Käse berühmt. Einige Sorten wie *Gorgonzola, Grana padano, Parmigiano-reggiano* oder der römische und sizilianische Schafkäse sind durch eine Ursprungsbezeichnung geschützt, denn sie werden in örtlich begrenzten Gebieten nach lokalen Bräuchen und Methoden erzeugt und verdanken ihre charakteristischen Eigenschaften den Umweltbedingungen ihres Produktionsgebietes. Andere Käsesorten wie *Asiago* oder *Taleggio* werden als »typisch« bezeichnet, weil ihre Eigenschaften von spezifischen Produktionstechniken, nicht aber vom Ursprungsgebiet abhängen. Je nach der Reifungszeit, die ein Käse durchmacht, kann man die Sorten in zwei Gruppen teilen: den Frischkäse und den gereiften Käse.

Frischkäse

Diese Käsesorten enthalten einen hohen Wasseranteil; sie haben deshalb einen frischen, angenehmen Geschmack, vor allem in der warmen Jahreszeit, sind mild und wenig salzig.

MOZZARELLA

Ein typischer Frischkäse, der seinen Namen der Herstellungsmethode verdankt, bei der die fädenziehende Masse früher in viele kleine Stückchen diverser Formen und Gewichte getrennt wurde. Eigentlich ein typisch mittel- und süditalienischer Käse, der heute jedoch überall in Italien beliebt ist und hergestellt wird. Der beste Mozarella wird aus der Milch der Büffelkuh erzeugt, doch das allmähliche Verschwinden dieser Tierart macht es immer schwieriger, den »echten« Mozzarella zu finden, der sich vom üblichen Milchkuhprodukt durch seine besonders weiche Masse, seinen Duft und seinen vollen Geschmack unterscheidet.

PROVOLA UND SCAMORZA

Auch diese beiden Sorten gehören zur Familie der fädenziehenden süditalienischen Käse. Sie werden aus Kuhmilch hergestellt, der gelegentlich auch Ziegenmilch zugesetzt wird. Ihre Form, die an eine Birne erinnert, läuft am spitzen Ende in eine Art Kopf mit zwei kleinen Ohren aus. Zwei unsalzige, fette Käse, die besonders gut schmecken, wenn sie noch sehr frisch und weich sind; es gibt auch eine geräucherte Variante, die sich ausgezeichnet grillen läßt.

CRESCENZA

Ein typischer Käse der lombardischen Tiefebene, mit einer 10 bis 15-tägigen Reifungszeit, während der er dank des Zusatzes von Milchenzymen aufgeht. Dieser zarte, lockere und cremige Weichkäse wird aus Kuhvollmilch hergestellt und hat einen milden, leicht säuerlichen Geschmack. Er muß sehr frisch verzehrt werden, sonst wird er zu weich und beginnt zu fließen.

ROBIOLE

Kleine, meist runde Käseformen, deren Rinde nach einer gewissen Reifungszeit eine leicht rötliche Färbung annimmt. Sie sind typisch für Piemont (Cuneo, Asti, Alessandria) und die Lombardei (Introbbio, Robbio, Valsassina) und sollten eigentlich aus Schaf- oder Ziegenmilch erzeugt werden, die heute jedoch immer mehr durch Kuhmilch ersetzt wird. Die ideale Zeit für den Verzehr dieses weichen, milden und cremigen Käses reicht vom späten Frühjahr bis zum Ende des Sommers. Nach 15 Tagen Reifungszeit schmeckt der Robiole am besten.

TOMINI

Diesen Käse gibt es in diversen Formen und Qualitäten. Er wird aus Kuhvollmilch oder -magermilch hergestellt, je nachdem, ob das Endprodukt fett oder mager sein soll. Man ißt diese kleinen Käseformen sowohl ganz frisch als auch leicht gereift; nach Ansicht wirklicher Käsekenner sind sie perfekt, wenn sie eine Woche alt sind. Ein typisches Produkt der Region Piemont-Aostatal.

MASCARPONE

Ein sehr fetter (mindestns 80%) und damit kalorienreicher Käse, der aus dem Rahm hergestellt wird, der sich oben auf der frisch gemolkenen Milch absetzt. Ein typisch lombardisches Produkt aus der Gegend von Lodi, das früher nur im Winter erzeugt wurde. Heute findet man den Mascarpone fast das ganze Jahr hindurch, außer in den heißesten Monaten. Eine sehr weiche, feine und milde Creme.

RICOTTA

Ein ganz besonderer Käse, der aus der bei der Zubereitung anderer Käse angefallenen Restmolke gewonnen wird. Der italienische Name bedeutet »noch einmal gekocht« und bezeichnet das zweite Erhitzen der Molke. Er kann sowohl aus Kuh- als auch aus Schafmilch hergestellt werden, ist sehr nahrhaft und leicht verdaulich. Normalerweise finden sich zwei Sorten im Handel: der piemontesische, sehr weiche und milde Ricotta, und der römische, kompaktere und salzigere Ricotta, der aus reiner Schafmilch sein müßte. Daneben gibt es noch andere Arten, zum Beispiel den kalabresischen und sizilianischen Ricotta, die oft nicht aus der Molke, sondern aus Schafmilch hergestellt werden, den apulischen, pikanten Ricotta und die gereiften, harten und salzigen Ricottatypen, die sich gut zum Reiben eignen. Frischer Ricotta sollte noch am Tag seiner Herstellung verzehrt werden.

Gereifter Käse

Dazu gehören alle aus Kuh-, Schaf- oder Ziegenmilch erzeugten Käsesorten, die vor ihrem Verkauf und Verzehr eine längere Reifungszeit durchlaufen müssen, um ihre Spitzenqualität zu erreichen. Man spricht von »langsamer« Reifung, wenn diese Zeit mindestens sechs bis sieben Monate bis maximal drei Jahre erfordert, und von »mittlerer« Reifung, wenn dazu ungefähr sechs Monate nötig sind.

GORGONZOLA

Dieser Käse ist nach dem Grana oder Parmesan wahrscheinlich der typischste italienische Käse. Es ist ein roher, weicher, sehr fetter Käse aus Vollmilch. Die charakteristischen grünen Streifen werden durch Schimmelpilze erzeugt. Bei der industriellen Herstellung wird der Schimmel direkt der Milch zugesetzt, so daß die Entstehung kontrolliert werden kann; anschließend werden die Formen mit einer langen Nadel durchstoßen, um die Schimmelbildung zu begünstigen. Die Reifungszeit beträgt drei bis sechs Monate. Die zehn bis zwölf Kilo schweren Formen werden vor dem Verkauf in der Mitte quer durchgeschnitten und in Stanniolpapier verpackt.

GRANA PARMIGIANO-REGGIANO

Der gekochte Hartkäse aus Milch von Kühen, die ausschließlich Frischfutter gemischter Wiesen oder Luzerne fressen, gehört zum »Käseadel«. Dieser Parmesankäse wird nur in der Zeit vom 1. April bis zum 11. November produziert, weil während des Winters kein Frischfutter zur Verfügung steht. Ein excellenter Reibkäse, der auch Kindern wegen seiner überraschenden Wirksamkeit gegen Enteritis (Darmentzündung) sehr gut tut. Die Produktion wird von einem Herstellerkonsortium zwischen den einzelnen Provinzen geschützt. Produktionsgebiete sind die Provinzen Parma, Mantova (rechtes Po-Ufer) und Bologna (linkes Po-Ufer).

GRANA PADANO

Diese Parmesankäse-Qualität wird von einigen als vulgäre Nachahmung des echten Grana parmigiano-reggiano angesehen, ist aber in Wirklichkeit sein Zwillingsbruder. Er wird nach dem gleichen Herstellungsverfahren erzeugt, mit der einzigen Ausnahme, daß die verwendete Milch von mit Silofutter ernährten Kühen stammt. Es ist ein halbfetter, gekochter Hartkäse, der das ganze Jahr hindurch im Gebiet nördlich des Po unter Verwendung von teilweise entrahmter Milch erzeugt wird. Seine Reifungszeit beträgt ein bis zwei Jahre.

FONTINA

Ein Käse mit Ursprungsbezeichnung, typisch für das Aostatal; er kann auch bei mäßiger Temperatur schon zum Schmelzen gebracht werden. Ein halbfetter, halbroher, halbharter Käse. Die Reifungszeit reicht von mindestens drei Monaten bis maximal sechs Monate. Danach bekommt er einen leicht bitteren Geschmack. Die qualitativ beste Sorte wird mit der cremigeren Sommermilch erzeugt und ist im Winter zum Verzehr bereit.

PECORINO

Ein charakteristischer Schafkäse aus Mittel- und Süditalien, wo es noch recht viele Schafherden gibt; echter Schafkäse muß aus Vollmilch von Schafen hergestellt werden, doch immer häufiger wird diese heute durch Ziegen- oder Kuhmilch ergänzt. Ein fetter, harter und kompakter Käse, der entweder »jung«, nach einer Reifungszeit von einem Monat, oder nach sehr langer Reifungszeit von bis zu einem Jahr verzehrt werden kann; im ersteren Fall kommt er am Stück auf den Tisch, im zweiten Fall wird er gerieben. Sein Geschmack ist sehr typisch, recht herzhaft und salzig.

PROVOLONE

Die industrielle Produktion dieses in den südlichen Regionen (Kampanien, Lukanien, Kalabrien, Sizilien) beheimateten Käsetyps hat sich in die Lombardei verlagert, wo seine Merkmale etwas verändert worden sind. Es ist ein fetter, harter, roher Käse aus Kuhvollmilch (eine der nahrhaftesten Käsesorten überhaupt), der hell und kompakt aussieht. Sein Geschmack ändert sich mit der Zubereitungsart: mit Kalbsmolke wird der milde, mit der Ziegenlammolke der herzhafte Provolone hergestellt.

TALEGGIO

Dieser Käse ist in den Tälern um Bergamo beheimatet; die flachen, rechteckigen Formen haben eine dünne, weiche Rinde, die von einer zarten Schimmelschicht bedeckt ist. Ein fetter, roher, weicher, cremiger Käse mit blasser Farbe, der eine Reifungszeit von ungefährt 40 Tagen braucht. Die beste Qualität reift in natürlichen Grotten heran, in denen sich Feuchtigkeit und Belüftung besonders günstig auswirken. Sein Geschmack ist mild und leicht aromatisch.

ASIAGO

Ein halbroher Käse aus Venetien, hart und blaß, mit kleinen Löchern. Er wird aus Kuhmilch hergestellt, ist halbfett und sein Geschmack leicht pikant. Seine Reifungszeit beträgt sechs Monate bis ein Jahr, und wenn er dieses Alter erreicht hat, kann er gerieben werden. Die Formen wiegen neun bis 13 Kilo. Eine besonders exquisite und herzhafte Qualität ist der Asiago vezzena.

CACIOCAVALLO

Kleine Käseformen, die paarweise zusammengebunden und zum Trocknen aufgehängt werden. Ein halfbetter Käse aus der Milch von Kühen oder Büffelkühen, der dem Provolone sehr ähnlich ist: hart, hell und recht salzig. Die birnenförmigen Käse können gelegentlich bis zu zwei Kilo wiegen. Zur Reifung braucht er zwei oder drei Monate; wenn er länger aufbewahrt wird, muß man ihn reiben.

Wie man Käse aufbewahrt

Generell sollte man Käse immer fern von grellem Licht, von Wärmequellen und Feuchtigkeit aufbewahren; man sollte ihn kühl, aber nicht kalt lagern (bei einer Temperatur von 5–8 °C), sorgfältig in Pergament- oder Ölpapier oder in Klarsichtfolie einwickeln und in hermetisch geschlossenen Dosen aufbewahren. Käsesorten mit ausgeprägtem Geruch sollten nie zusammengelegt werden, denn sie nehmen gegenseitig ihre Gerüche an.

Wie man Käse serviert

Es empfiehlt sich, das Papier, in das der Käse eingewickelt ist, erst kurz vor dem Servieren zu entfernen, weil jede Berührung mit der Luft das Anfangsstück geschmacklich verändert. Um diesen Nachteil zu vermeiden, eignen sich Käseglocken aus Glas oder Kunststoff mit einem Brett aus unlackiertem Naturholz, das groß genug sein sollte, damit man den Käse gut schneiden kann. Möchte man zum Abschluß des Mahls auf elegante Art eine Käseauswahl reichen, können dazu spezielle Käseteller verwendet werden, zu denen ein Messer mit einer gebogenen, zweigliedrigen Spitze und ein kleines, dolchartiges Messer mit einer kurzen, kräftigen, rundlichen Schneide gehören. Auf dem Käseteller sollten mindestens drei verschiedene Käsesorten angeboten werden: ein milder, ein kräftiger und ein harter Käse. Je reichhaltiger die Auswahl, um so größer wird natürlich die Freude der Gäste sein. Zum Käse serviert man verschiedene Brotarten, Crackers und Salzgebäck.

DEUTSCHE REZEPTBEZEICHNUNGEN

ITALIENISCHE REZEPTBEZEICHNUNGEN